¿TIENEN GÉNERO LOS SINDICATOS?

Una relectura de la representación y las estructuras sindicales en clave de teoría feminista

ALBA GARCÍA TORRES

EOLAS
ediciones

· MONOGRAFÍAS ·

¿TIENEN GÉNERO LOS SINDICATOS?
UNA RELECTURA DE LA REPRESENTACIÓN Y LAS ESTRUCTURAS
SINDICALES EN CLAVE DE TEORÍA FEMINISTA

© Alba García Torres

EOLAS
e d i c i o n e s

Director Editorial
Raúl Sánchez Díez

Consejo Editor

Director
David García Bartolomé
Profesor de Derecho Procesal
Universidad Autónoma de Madrid

Antonio Vicente Sempere Navarro
Catedrático de Derecho del Trabajo y de la Seguridad Social
Magistrado del Tribunal Supremo

Juan Antonio García Amado
Catedrático de Filosofía del Derecho. Universidad de León

Antonio Rovira Viñas
Catedrático de Derecho Constitucional. Universidad Autónoma de Madrid

Miguel Díaz y García-Conlledo
Catedrático de Derecho Penal. Universidad de León

María Paz García Rubio
Catedrática de Derecho Civil. Universidad de Santiago de Compostela

Gilberto Pérez Del Blanco
Profesor de Derecho Procesal. Universidad Autónoma de Madrid

Stefania Pacchi
Professora Ordinario de Diritto Commerciale. Università di Siena (Italia)

Marta Gonzalo Quiroga
Profesor titular de Derecho Internacional Privado. Universidad Rey Juan Carlos

María Teresa Alameda Castillo
Profesora titular de Derecho del Trabajo y de la Seguridad Social. Universidad Carlos III

Hugo López López
Profesor Titular de Derecho Financiero y Tributario. Universidad Pública de Navarra

Raquel Escutia Romero
Profesor Contratada Doctora de Derecho Romano. Universidad Autónoma de Madrid

Miguel Gimeno Ribes
Profesor Ayudante Doctor de Derecho Mercantil. Universidad de Valencia

Ana de Marcos Fernández
Profesora Contratada Doctora de Derecho Administrativo. Universidad Autónoma de Madrid

Manuel Pérez García
Letrado del Tribunal de Cuentas. Subdirector Adjunto de la Asesoría Jurídica Sección de Fiscalización.
Ex letrado del Tribunal Supremo

Juan Gonzalo Ospina Serrano
Abogado. Profesor de Derecho Penal colaborador. Letrado Diputado V del Ilustre Colegio de Madrid

I.S.B.N. 979-13-87753-24-5

Depósito Legal: LE 256-2025

DISEÑO PORTADA Y MAQUETACIÓN:
Mikel Mandon / contactovisual.es

Impreso en España

«Un régimen de libertad, fundado en lealtad y juego limpio,
está obligado a liberar a la mujer, a romper las cadenas seculares,
a dejarle las manos libres y a echar sobre sus hombros,
para que la lleve a medias con el hombre,
la carga de la responsabilidad»

María de la O Lejárraga

«Peleemos juntos por lo que estamos de acuerdo
porque así los desacuerdos se irán diluyendo
porque vamos construyendo esperanza»

Pepe Mujica

PRÓLOGO

En tantos otros sitios
y tiempos
(…)
un hombre
cualquiera
una mujer
concibieran
otra vida
posible

Ignacio González del Rey, *Pequeñas muertes*

La autora de la monografía que me honro en prologar ha imaginado otra vida posible, otro sistema jurídico-laboral y otra sociedad fundada sobre la piedra angular de la igualdad entre mujeres y hombres. No solo ha imaginado, sino que ha analizado la realidad existente, ha resaltado las sombras y trampas capaces de hacer fracasar esa aspiración y ha diseñado estrategias para alcanzar, en el aquí y en el ahora, dicho "paraíso". Para ello pone el foco en la institución central del Derecho Sindical y una de las nucleares de nuestro Derecho Social: la organización obrera.

En la introducción fija ya la idea transversal que recorre su estudio: la insuficiente relevancia de la mujer y de la perspectiva de género en la creación, evolución, organización y actividad de los sindicatos.

La organización sindical como pieza clave del modelo institucional de relaciones laborales tiene constitucionalmente asignada la función de liderar, no solo de contribuir, las acciones dirigidas a la consecución de la igualdad real y efectiva. Sin embargo, los datos empíricos que ofrece la autora muestran y demuestran que a día de hoy en la representación y estructuras sindicales aún subsisten sesgos patriarcales que perpetúan estereotipos de género.

Este estudio pretende revisar el origen, codificación y desarrollo del derecho sindical en perspectiva de género con el fin de contribuir a que afloren las desigualdades estructurales existentes y contribuir a avanzar en la consecución de la igualdad en los derechos colectivos de las personas trabajadoras.

Para identificar debidamente cuáles son estas desigualdades este estudio acomete una revisión en clave de género del sindicato como una realidad compleja que se puede abordar al menos desde tres perspectivas complementarias que desarrolla en cada uno de los Capítulos que componen la obra.

Parte de un conocimiento profundo del hecho sindical, lo que proporciona a la autora una visión más completa de las organizaciones obreras, que estudia desde una perspectiva científica y práctica, sin perder por ello su capacidad, de la que da muestra a lo largo de estas páginas, de crear alternativas viables y soluciones concretas a las carencias encontradas.

En su Capítulo 1 afronta el análisis del origen y evolución de los movimientos sindicales con la finalidad de hallar la raíz de la desigualdad existente. Para ello, huye de los lugares comunes y de una revisión cómoda de los hechos históricos, sino que explora en clave crítica la participación sindical de las mujeres alrededor de tres cuestiones: la participación en las organizaciones sindicales, la institucionalización de una agenda de género en el mundo sindical y, por último, las experiencias de acción reivindicativa de las trabajadoras organizadas.

A través de sus páginas se vislumbra la historia invisibilizada del movimiento obrero, sus causas y las consecuencias que aún se arrastran, en tanto para formar parte de la acción sindical, las mujeres han tenido que desafiar y vencer muchas resistencias internas y externas.

En paralelo, reflexiona también sobre la legislación laboral histórica española con perspectiva de género y lo hace alejándose de lugares comunes y caminos excesivamente transitados para ponerla en conexión con los avances conseguidos tanto en el Derecho Colectivo como en la igualdad de género, estableciendo interconexiones y desajustes entre ambos.

El Capítulo 2 proyecta el concepto de trabajo y su evolución analizada en el primer capítulo sobre el Derecho Colectivo y lo hace reflexionando sobre las consecuencias que las visiones sesgadas sobre el núcleo central del término acarrean en los imaginarios referidos a las organizaciones obreras y a la concentración del poder simbólico.

La autora, partiendo de la teoría de la interseccionalidad, descubre a quien avanza a lo largo de sus páginas cómo se estructuran y de dónde se "alimentan" los regímenes de desigualdad que padecemos. Así, ahonda en las bases de la desigualdad; su forma y grado; los procesos organizativos que la crean y reproducen; la invisibilidad de las desigualdades (muchas veces camuflaje bajo otros ropajes); la legitimidad de la cual se la dota; y los dañinos controles que previenen la protesta contra la desigualdad.

Una vez descubierta la estrategia, el siguiente paso ha de ser dotar a las organizaciones sindicales de la necesaria perspectiva de género y para lograrlo es necesario, como hace la autora, analizar y deconstruir, por un lado, los roles estereotipados de género y, por otro, la división sexual del trabajo, superando la definición legal y parcial de trabajo asalariado y su concepción, todavía hoy, subsumida en el ideal masculino. En este sentido, configura como uno de los grandes retos (internos) a los que se enfrenta el mundo sindical es la vía para corregir y eliminar las desigualdades de género que aún subsisten en sus estructuras y acción.

Su Capítulo 3 pone la mirada en el interior de las organizaciones obreras para analizar las estructuras sindicales en clave de género. En este último capítulo reflexiona sobre la representación sindical en clave de género y para ello aborda y deconstruye las instituciones nucleares del Derecho Sindical (representatividad, doble canal de representación, huelga), sin olvidar prestar la necesaria atención a las nuevas (renovadas) formas de trabajo líquido, feminizado e indigno.

La clave de bóveda del análisis radica en el rescate del poder organizativo de los sindicatos. La autora urge a reconfigurar las redes de los sindicatos con los movimientos sociales, a diseñar estructuras capaces de acoger a sujetos en los márgenes (o excluidos) del mundo laboral y cuya adscripción se remite al territorio, al barrio o a la comunidad.

Como estudios de caso ha seleccionado dos experiencias de organizaciones de mujeres al margen de las estructuras sindicales clásicas en actividades feminizadas e invisibilizadas: los cuidados (vinculados al trabajo reproductivo) de las trabajadoras de piso, "las Kellys" y la agricultura: las jornaleras en lucha de Huelva. También la autora asume el riesgo de reflexionar en clave sindical y de género sobre actividades más conflictivas, como el recorrido legal del sindicato OTRAS (Organización de Trabajadores Sexuales) y lo hace cambiando radicalmente el debate: la posibilidad de extender los derechos colectivos a trabajadoras de actividades ilícitas con el fin de visibilizarlas.

El objetivo al que aspira (y para el que marca el camino esta monografía) no es otro que reconfigurar al sindicato como garantía en la promoción y evolución del principio de igualdad. A este objetivo está llamado desde su propia concepción y definición, en tanto ni el sindicato como organización, ni el movimiento sindical globalmente considerado, han de ser neutros en términos de género, sino que la perspectiva de género tiene que impregnar todas sus facetas o vertientes, desde su formación, organización, toma de decisiones, acción y proyección, y no solo en términos formales, sino en su dimensión material, de tal manera que lideren el cambio estructural y profundo que es necesario en nuestras sociedades, y se conviertan en el motor legislativo y social en todas sus vertientes.

Como la persona lectora comprobará, estas breves líneas no pueden acoger, y ni tan siquiera esbozar a riesgo de desmerecer o distorsionar, la riqueza del contenido de la presente obra, que he tenido el honor y la satisfacción de prologar. Tampoco las palabras anteriores no bastan ni son suficientes para transmitir la valentía, la originalidad y el anhelo por construir una sociedad igual y más justa que Alba García Torres despliega en las páginas siguientes, las cuales, *Solo son preguntas/Nada más pueden darnos las palabras/con vocación de verdad* (Sofía Castañón, La noche así).

En León, a 4 de febrero de 2025

Henar Álvarez Cuesta
Catedrática de Derecho del Trabajo y de la Seguridad Social.

ÍNDICE

A modo de introducción: la insuficiente relevancia y presencia de la mujer y de la perspectiva de género en la creación, evolución, organización y actividad de los sindicatos[1]

Los estudios jurídicos sobre el fenómeno sindical se orientan, tradicionalmente, a un análisis de las diversas vertientes de la libertad sindical. En concreto, se trata de potenciar esa libertad a partir de su reconocimiento como derecho humano/fundamental en todos los textos de reconocimiento de esa clase de derechos, desde constituciones a convenios internacionales. Para ello, el análisis se centra, por un lado, en la remoción de los obstáculos para el correcto ejercicio de su actividad, esto es, como una especie de inmunidad frente a las injerencias y violaciones de terceros, inclusive el propio Estado. Y, por otro, en la promoción de la actividad sindical, que no sólo ha de ser tolerada, sino que el sindicato, en los Estados sociales y democráticos de Derecho, se erige en un agente activo para la consecución de la igualdad material, ente de todo punto imprescindible por cuanto se le asigna una concreta función social (art. 7 CE).

El sindicato forma parte de las organizaciones que caracterizan el sistema democrático. Por ello, su presencia y actividad se consideran positivas para la sociedad civil y deben ser preservadas frente a los obstáculos e injerencias que le pudieran afectar. Desde sus orígenes el sindicato reivindicó su existencia como un derecho ante el Estado y ante los poderes privados, como un espacio propio de afirmación de su presencia y de su capacidad de regular el trabajo[2]. Esa es la perspectiva de aproximación principal en el análisis del movimiento sindical, porque en cierto modo se asume que una vez que se eliminan las trabas a su actuación, y son los propios sindicatos los que decidan dónde y

1 Este trabajo forma parte de los resultados del proyecto de I+D+i PID2020-118499GB-C33 ("La expansión del Derecho del Trabajo hacia zonas emergentes y de frontera"), financiado por MCIN/AEI/10.13039/501100011033/ "FEDER Una manera de hacer Europa"; PID2021-126784NB-I00, en el marco del proyecto coordinado "Las transformaciones de la legislación laboral contemporánea y el nuevo Estatuto del Trabajo" y el Proyecto MCINN-24-PID2023-148424OB-I00, financiado por MICIU/AEI /10.13039/501100011033 y por FEDER, UE.

2 *Vid.* BAYLOS GRAU, A., *¿Para qué sirve un sindicato?*, Catarata, Fundación 1 de Mayo, Madrid, 2021, pp. 28.

cómo actuarán, los resultados serán óptimos desde la perspectiva de la consecución de su función social. Se presume (*iuris et de iure*) que los sindicatos conocen con detalle los intereses de la clase trabajadora, a la que representan, y parece que se considera una injerencia que desde el exterior de algún modo se oriente o se condicionen sus actuaciones o sus focos de atención. Por consiguiente, es difícil encontrar estudios que analicen qué hace el sindicato y cómo opera para garantizar de manera efectiva y eficiente su función constitucional. Ese es, precisamente, el análisis que aquí se propone, si bien no con carácter general u omnicomprensivo, sino centrando específicamente la atención en la contribución del sindicato al principio de igualdad, en especial por razón de sexo.

Más concretamente, si el sindicato se erige como garantía en la promoción y evolución del principio de igualdad, y está llamado a tal fin desde su propia concepción y definición, no es por tanto una asociación de intereses sin más, ni el sindicato como organización, ni el movimiento sindical globalmente considerado, habrían de ser neutros en términos de género, sino que la perspectiva de género debería impregnar todas sus facetas o vertientes, desde su formación, organización, toma de decisiones, acción y proyección, y no solo en términos formales, sino en su dimensión material. Y esa es una orientación y preocupación que no habría de requerir un refuerzo o imposición legal, sino que debería ser inherente al sindicato mismo, formar parte de su propia esencia. El sindicato es una organización para la representación y defensa de la clase trabajadora, y parece natural que dedique sus esfuerzos con mayor ahínco a la parte de esa clase trabajadora que se encuentra en una posición más precaria, de especial debilidad/vulnerabilidad y que más necesita de las estructuras colectivas que puedan ejercer una función de contrapeso y compensación frente a los intereses de la parte dominante en el contrato de trabajo.

No cabe duda de que la mujer es uno de esos grupos, relegada social y jurídicamente del trabajo productivo en perspectiva histórica, y que todavía hoy se enfrenta a mayores trabas que los varones para acceder y permanecer en activo, amén de para disfrutar de condiciones de trabajo decentes, recurriendo a la terminología de la OIT. El sindicato, así pues, debería implicarse activamente en la consecución de la igualdad real por razón de sexo en el trabajo, impulsando las pertinentes reformas en diferentes vertientes, como la social, la económica y la jurídica. Sin embargo, la fijación de los objetivos y la articulación/proposición de esas medidas requiere de un análisis profundo de la realidad y de la correcta detección de los intereses y dificultades.

Además, resulta de cierta coherencia, porque no parece razonable analizar la proyección exterior de la actividad sindical, sin efectuar previamente un análisis más interno o introspectivo. En términos generales, resulta poco probable que el sindicato pueda liderar o abanderar determinados postulados, y ni siquiera planteárselos como propios, si su estructura y organización interna no demuestran una sensibilidad suficiente hacia ellos. Por consiguiente, y desde la perspectiva de la igualdad y no discriminación por razón de sexo, es necesario analizar cuál es la presencia e influencia de las mujeres en el movimiento sindical, y preferentemente en los sindicatos mayoritarios, que son los que pueden ejercer una mayor influencia gracias a la especial posición que les concede el sistema español. Se trata, en definitiva, de comprobar si el papel de la mujer en las organizaciones sindicales es el mismo que en otro tipo de asociaciones u organizaciones que representan intereses en la sociedad, o si el sindicato reproduce patrones sociales similares a los de otros ámbitos, pues si ese fuera el caso, parece difícil que el movimiento sindical sea más sensible o permeable a intereses que no cuentan con presencia suficiente en sus dinámicas de actuación ordinaria.

Para ello hay que acercarse inicialmente a los datos estadísticos de participación de la mujer en el ámbito sindical, al menos desde tres vertientes: la afiliación, la distribución por género de los representantes unitarios elegidos por los trabajadores en los diferentes ámbitos y los cargos orgánicos del propio sindicato. Obviamente, es necesario hacer una lectura crítica de estos desde la perspectiva transversal de género, ya que la cifras por sí solas pueden enmascarar desigualdades con una raíz más profunda.

La participación de las mujeres en el mundo sindical ha ido evolucionando de manera notable en las últimas décadas. Así, en el año 1995 las mujeres constituían un 24% del total de afiliados de UGT, un 23% de CCOO y un 23% de USO. Estas cifras alcanzaron en 2007 el 33,35% en UGT, el 36,16% en CCOO y el 35% en USO. En el año 2012 la afiliación de las mujeres a la UGT suponía ya el 36% en CCOO el 39,32% y en USO el 36%[3]. Se observa pues una evolución positiva de la afiliación sindical femenina, ya que la media global de la afiliación subió del 38,2 % en el periodo 2000-2009 al 41,9 % en el periodo de 2010 a 2016[4].

En lo que respecta a la representación femenina en la representación unitaria, a 31 de agosto de 2018 Comisiones Obreras contaba con 97.095 representantes unitarios, de los que 38.387 eran mujeres, un porcentaje del 39,54%. En esta misma fecha, en la UGT las mujeres suponían un 38,2% del total de representantes del sindicato (33.799 mujeres delegadas entre el total de 88.595 representantes). El sindicato de funcionarios y empleados públicos CSIF presentaba un porcentaje similar, el 39,4%.

---

3   Fuente: elaboración del Instituto de la Mujer a partir de datos proporcionados por CCOO, UGT y USO.

4   *Vid.* VANDALE, K., «Un futuro sombrío: un estudio de la afiliación sindical en Europa desde el 2000», *Fundación 1 de Mayo,* Madrid, 2019, pp. 50.

Las organizaciones sindicales subrayan que en ocasiones la ausencia de las mujeres entre los representantes sindicales se explica por su menor presencia en algunas ramas de actividad: mientras que las mujeres suponen el 26% del total de trabajadores en la industria, suman el 53,5% de las personas ocupadas en el sector servicios. En este contexto, tras las cifras de los sindicatos cercanas al 40% de delegadas se esconden grandes diferencias según el sector de actividad. En CCOO, el porcentaje de delegadas más bajo se registra en la Industria, del 23,31%, seguido de la Federación de Servicios a la Ciudadanía (que engloba una gran variedad de sectores, como algunas administraciones públicas, logística y medios de comunicación, entre otras), con un 33,8%, y de la Construcción y Servicios, con un 39,8%. Las cifras de delegadas más elevadas se encuentran en Enseñanza (56,6%), Sanidad (77,35%) y Servicios (49,96%). En UGT la Minería y la Construcción registran las cifras más bajas de delegadas sindicales (11,6% y 11,9%), seguidas del Material de Transporte, Electrónica y Nuevas tecnologías (13,4%). Los mayores porcentajes de delegadas los registran en Dependencia (86,7%)[5].

Las organizaciones sindicales también apuntan a la existencia de otros factores que pueden explicar, al menos parcialmente, estos desajustes. Uno de ellos ha sido tradicionalmente la precariedad laboral. La temporalidad en la contratación femenina ha supuesto, en ocasiones, un impedimento para la asunción de responsabilidades en materia de representatividad, ya que no se reunía la antigüedad exigida en la empresa para concurrir a los procesos electorales y en caso de cumplirse este requisito «*se generaba miedo a no ser renovadas*»[6].

En lo que se refiere a los cargos orgánicos, o a las directivas de los sindicatos, parece que formalmente se ha alcanzado la paridad en estos órganos. Sin embargo, sigue existiendo un evidente techo de cristal, ya que ninguna mujer ha asumido nunca la Secretaría General de un sindicato representativo. Así en el año 2024 la Comisión Ejecutiva Confederal de UGT contaba con un 53,33% de mujeres; la Comisión Ejecutiva de CCOO con un 54,55%, la Comisión Ejecutiva Confederal de USO con un 66,67%, el Comité Ejecutivo Nacional del CSIF con un 50% y el Comité Confederal de CGT con un 55,50%[7].

---

5   Datos proporcionados por Diario.es, septiembre de 2018, https://www.eldiario.es/economia/mujeres-suponen-delegados-sindicatos-mayoritarios_1_1931860.html

6   Testimonio proporcionado por la sindicalista Cristina Antoñanzas en el Diario.es, septiembre de 2018, https://www.eldiario.es/economia/mujeres-suponen-delegados-sindicatos-mayoritarios_1_1931860.html

7   Datos obtenidos del Instituto de la Mujer a través de las webs de los sindicatos. Actualizados a 16 de septiembre de 2024.

No obstante, parece claro que existe un desajuste entre la realidad estadística y la realidad material, y que el legislador así lo percibe, como demuestra la aprobación de la Ley Orgánica 2/2024, de 1 de agosto, de representación paritaria y presencia equilibrada de mujeres y hombres, que por primera vez introduce como obligación legal la paridad en los órganos representativos del sindicato. Una exigencia de este calibre pone de manifiesto que el techo de cristal también está presente en las organizaciones sindicales, y que los datos estadísticos que efectivamente demuestran que se está reduciendo la '*brecha sindical*', no implican, necesariamente, que se haya integrado la perspectiva de género de manera transversal en la acción y organización diaria de las centrales sindicales, ya que en el imaginario colectivo, y probablemente en su proyección legal y convencional, el sindicalismo sigue siendo una cosa de hombres.

Por ende, si las desigualdades que aún subsisten no tienen que ver exclusivamente con la presencia de las mujeres en determinados ámbitos de las tomas de decisiones, esas desigualdades no se van a corregir con medidas legales que obliguen a aumentar o garantizar cierta presencia femenina en los ámbitos que componen la vida del sindicato. Las desigualdades que hoy se perpetúan en el mundo sindical están más arraigadas y responden, probablemente, a la propia concepción del mercado de trabajo, su evolución y codificación. De esta manera, los sindicatos, como pieza fundamental del sistema de relaciones laborales, producen y reproducen las desigualdades del sistema en el que están insertos.

Para identificar debidamente cuáles son estas desigualdades este estudio acomete una revisión en clave de género del sindicato como una realidad compleja que se puede abordar al menos desde tres perspectivas complementarias. La primera sería la dimensión histórica y social del sindicato, como instrumento dinamizador de los movimientos sociales, a la que se dedica el capítulo primero de este estudio.

Una segunda dimensión que abordar sería la concepción del sindicato como organización en sentido estricto, desde la perspectiva burocrática la codificación de su estructura y organización interna y la manera en que se acometen las tomas de decisión y los centros de poder, a la que se dedica el capítulo segundo.

Finalmente, una tercera aproximación sería la consideración del sindicato como pieza que construye el Estado Social y Democrático de Derecho, conforme al artículo 7 de la Constitución Española, que los configura como un elemento nuclear de nuestro sistema jurídico y político y, por tanto, una entidad jurídica e institucional, con relevancia propia vinculada a la promoción de derechos fundamentales. El capítulo tercero trata de poner de manifiesto cuáles son los déficits, en clave de género, de los que adolece nuestro modelo sindical, a través de una relectura critica de las principales instituciones de nuestro derecho colectivo: el doble canal de representación, la audiencia electoral y la negociación colectiva. También se abordan nuevas experiencias sindicales que han ido surgiendo en torno a la organización de las mujeres como respuesta a esas carencias detectadas.

CAPITULO I:
ORIGEN Y EVOLUCIÓN DE LOS MOVIMIENTOS SINDICALES COMO RAÍZ DE LA DESIGUALDAD

1. EL SINDICATO COMO FENÓMENO POLIÉDRICO: SU CONSTRUCCIÓN ENTRE LO SOCIAL, LO ORGANIZATIVO Y LO JURÍDICO

Para analizar correctamente la regulación jurídica actual del sindicato y sus medios de acción, debe atenderse a las distintas facetas o dimensiones que integran el sindicato, y a la relevancia que cada una de ellas tiene en su proyección social y jurídica.

En primer término, para entender las estructuras vigentes del sindicato debe abordarse y comprenderse su vertiente histórica. No debe olvidarse que una de las notas características y definitorias de nuestro modelo sindical actual es el derecho a la libertad sindical, que supone a grandes rasgos garantizar la autonomía de los sujetos sindicales frentes a injerencias del Estado y de terceros. Hoy en día esta libertad sindical se erige como elemento fundamental y recognoscible de nuestro Estado social y de derecho, pero su reconocimiento se vincula con la propia concepción del sindicato como pieza determinante dentro de las relaciones sociales no armónicas: la conflictividad social que atraviesa todo el Derecho del Trabajo acostumbrada a medirse en términos de poder y contrapoder en los lugares de producción. El sindicalismo se caracteriza en este sentido por un discurso sobre el poder derivado de la pertenencia de clase, y la nivelación de las desigualdades, que hace que su elemento configurador y elemental sea necesariamente previo a cualquier regulación del sistema jurídico y que constituya el núcleo central de la autonomía sindical sobre el que la norma no puede intervenir[8].

Todas estas consideraciones conllevan que el sindicato se haya definido tradicionalmente como la asociación permanente de trabajadores para la defensa y promoción de sus intereses y para la mejora de sus condiciones de vida y trabajo. Por lo que

---

8   *Vid.* BAYLOS GRAU, A., *Sindicalismo y Derecho Sindical*, Editorial Bomarzo, Albacete, 2019, pp.11.

entendido así el fenómeno sindical se podría afirmar que desde una perspectiva o dimensión jurídica el derecho sindical se referiría estrictamente a «*la regulación jurídica que en cada momento histórico y en cada ordenamiento jurídico ha llevado a cabo para resolver los conflictos de intereses existentes en el ámbito de las relaciones de trabajo*».

Sin embargo, la organización sindical desborda de alguna manera este marco conceptual simple, ya que, aunque enraizada en el fenómeno asociativo, presenta notables peculiaridades respecto de las asociaciones ordinarias. El sindicato se caracteriza por sus fines y objetivos que consisten genéricamente en la defensa y promoción de las condiciones de vida y trabajo de las personas trabajadoras. Y es una asociación reivindicativa, o de resistencia como se llamó históricamente, que utiliza para el logro de sus fines tanto la negociación, como la presión derivada de la utilización de medios de conflicto colectivo[9].

Por ello, el marco normativo que regule las relaciones colectivas de trabajo estará necesariamente influido por las opciones políticas y sociales, por lo que para abordarse el estudio del derecho sindical de manera adecuada debe complementarse con un análisis sociológico y político del fenómeno sindical[10].

Hoy en día ni es imaginable un Estado Social y Democrático sin el reconocimiento expreso de la libertad sindical configurada como un derecho fundamental, ni es posible organizar la sociedad sin una pieza de esas características, considerada como una de las más importantes de los regímenes constitucionales, como ocurre en nuestro sistema constitucional inaugurado en 1978. La libertad sindical instaurada como derecho fundamental permite, por un lado, a quienes viven de su trabajo organizarse con fines de promoción y defensa colectiva de sus intereses profesionales y, por otro lado, es una de las manifestaciones más claras del principio de libertad consagrado y difundido por nuestra Constitución. No es de extrañar, por ello, que la libertad sindical, además de pertenecer al catálogo de derechos laborales básicos, haya pasado a formar parte del elenco de derechos fundamentales que las normas internacionales y las constituciones modernas reconocen a todos los ciudadanos. A estas alturas puede decirse con tranquilidad que no estamos ante un derecho de dimensión exclusivamente laboral, sino más bien ante un ingrediente de los '*derechos humanos*'[11].

---

9   *Vid.* MARTÍN VALVERDE, A. y GARCÍA MURCIA, J., *Derecho del Trabajo*, Tecnos, Madrid, 2022, pp.280-281.

10   *Vid.* VIDA SORIA. J., MONEREO PÉREZ, J.L., MOLINA NAVARRETE, C., MORENO VIDA, M.N., *Manual de Derecho Sindical*, Editorial Comares, Granada, 2008, pp.5.

11   *Vid.* GARCÍA MURCIA, J., «El hecho sindical. La mayor representatividad. Asociacionismo profesional y empresarial. Balance y propuestas de reforma», *RTSS.CEF*, núm. 429 (diciembre 2018), pp.60.

No en vano, la libertad sindical es el eje y sustento de uno de los subsistemas más relevantes del sistema social: el sistema de relaciones laborales. De él deriva en última instancia la autonomía colectiva, como capacidad de organización y como poder de regulación, y de él se nutre, por decirlo en términos más concretos, la acción colectiva de los trabajadores en sus distintas facetas o manifestaciones: de negociación, de presión o de participación[12].

Insertado en esta realidad, el sindicato se constituye en una organización con estructuras estables y permanentes, que persigue determinados objetivos y que a través de la acción y del derecho colectivo trata de compensar la asimetría de los individuos frente al empresario del que depende, pero también en un movimiento social que da cuenta de la existencia de personas que comparten objetivos comunes y lazos de solidaridad, que enfrentan desafíos colectivos y abogan por su defensa frente al capital[13].

Como se puede observar, el sindicato tiene al menos dos acepciones necesarias y compatibles, dado que cada una cumple una función particular en la dialéctica entre conflicto y negociación: por un lado, se erige como organización formal, que permita ordenar, ejercer y delegar el poder en la afiliación y generar una identidad común de defensa y protección laboral. Y por otro, como pieza del estado social para remover los obstáculos que impidan el ejercicio de una igualdad formal, a través de la movilización de las bases para alcanzar los objetivos de la organización, que ahora se erigen también como fundamento del propio Estado social, conforme al artículo 7 de la CE «*los sindicatos de trabajadores y las asociaciones empresariales contribuyen a la defensa y promoción de los intereses económicos y sociales que les son propios*».

Por tanto, el estudio de la acción sindical no puede limitarse solo a esta última, que es la tradicionalmente abordada por la doctrina laboralista, sino que es necesario abordar también la organización y estructura interna de aquellos, ya que en la medida en que se garantiza su autonomía y se limitan las injerencias de terceros se está creando un espacio de autoorganización y autodefensa. Esta doble dimensión del sindicato hace que su estudio, para ser exhaustivo, no pueda centrarse solo en los límites que el Estado y los terceros deben respetar sobre su capacidad de actuación, sino que exige comprender la estructura interna del sindicato, como organización, para poder interpretar la proyección de su actuación en la sociedad.

---

12   *Vid.* GARCÍA MURCIA, J., «El hecho sindical. La mayor representatividad. Asociacionismo profesional y empresarial. Balance y propuestas de reforma», *RTSS.CEF*, núm. 429 (diciembre 2018), pp.60.

13   *Vid.* KÖHLER, H.D., y MARTÍN ARTILES, A., «Actores sociales: organizaciones sindicales y asociaciones empresariales», en VV.AA., KÖHLER, H.D. y MARTÍN ARTILES, A. (Coord.), *Manual de sociología del trabajo y relaciones laborales*, Delta Publicaciones, Barcelona, 2005.

Por ello, el sindicato también debe ser abordado desde la perspectiva de la teoría de las organizaciones[14]. Conforme a la definición de las teorías de la regulación, el sindicato podría definirse como *«una organización compuesta por trabajadores asalariados que están adheridos y tratan de que aquel que los represente los defienda frente a las arbitrariedades de los empresarios y negocie en su nombre»*[15]. De esta manera, los autores clásicos ya entendieron que los sindicatos en la medida en que se convierten en un fenómeno de masas deben responder a una estructura organizacional burocrática[16], como toda organización a gran escala, con un sistema de administración racional[17]. Esta realidad generó reticencias y desconfianzas en los autores de la época, ya que suponía la aparición de los funcionarios sindicales, lo que representaba un peligro para la democracia sindical, motivo por el cual fueron foco de múltiples críticas por considerarse demasiado corporativistas.

Independientemente de ello, el enfoque de los sindicatos como organizaciones burocráticas, es útil porque pone de manifiesto una dimensión poco trabajada de estos, e invita a reflexionar desde una óptica distinta, ya que si son organizaciones con estructura se produce necesariamente una división del trabajo en su interior. Y esta tiene una importancia mayor si esta revisión de la estructura y división de la organización sindical se hace en clave de género, pues no se puede olvidar que el origen del sindicato hunde sus raíces en el mundo del trabajo, con un tradicional corte masculinizado. Y, por ende, si afloran desigualdades que puedan existir en su interior, en ese núcleo esencial ajeno a las injerencias de terceros y del propio Estado, igual se hacen más fácilmente identificable los orígenes y las causas de perpetuación de determinadas desigualdades en la codificación legislativa de esta realidad social.

Por ello, se hace necesario una revisión de la participación sindical de las mujeres alrededor de tres cuestiones: la participación de las mujeres en las organizaciones sindicales, la institucionalización de una agenda de género en el mundo sindical y, por último, las experiencias de acción reivindicativa de las trabajadoras organizadas[18].

---

14   *Vid.* NEFFA, J.C., «Revisitando enfoques teóricos institucionalistas sobre el mercado de trabajo», en VV.AA., NEFFA, J.C. (Dir.), *Teorías económicas sobre el mercado de trabajo*, Vol. 3, 2008, pp. 89.

15   *Vid.* HYMAN, R., *Relaciones industriales. Una introducción marxista*, Blume Ediciones, Madrid, 1981

16   *Vid.* COLLINET, M., *El espíritu del sindicalismo*, Ediciones Populares Argentinas, Buenos Aires, 1955.

17   *Vid.* LIPSET, S. M., «El proceso político en los sindicatos obreros», en VV.AA. LIPSET, S.M., *El hombre político. Las bases sociales de la política*, Red Editorial Iberoamericana, México DF, texto revisado1993 [original 1959], pp.315-356.

18   *Vid.* ARRIAGA, E. y MEDINA, L., «Desafíos de las organizaciones sindicales frente a la desigualdad de género. Hacia la construcción de una agenda de investigación», *Pasado abierto*,

2. EL NACIMIENTO Y EVOLUCIÓN DEL MOVIMIENTO SINDICAL

La Revolución Industrial determinó una rápida expansión en el proceso productivo y operó una reestructuración de las relaciones laborales, debido a la aparición de nuevos mercados, el maquinismo y la insuficiencia de la capacidad productiva del viejo sistema. La hegemonía de los principios jurídico-políticos individualistas propios del liberalismo determinó una actitud claramente contraria a la existencia de estructuras organizativas intermedias entre el Estado y el individuo, exclusión que trataba de garantizar la defensa de orden burgués basado en el derecho de propiedad privada y en el libre juego de las fuerzas económicas, lo que precipitó la disolución de la organización gremial persistente y la prohibición de asociaciones profesionales[19].

La promulgación de las Leyes de Asociación en este periodo prohibió bajo penas muy severas la creación de todo tipo de asociaciones profesionales. En Francia, inicialmente se promulgó el edicto de febrero de 1776 —'*edicto Turgot*'— que ordenaba la disolución de todas las corporaciones. Posteriormente, inspirada en los Derechos Fundamentales del Hombre, de claro corte individualista, se promulgó la llamada legislación revolucionaria: Los Decretos de 2 y 17 de marzo de 1791 sobre la libertad de trabajo y los Decretos de 14 y 17 de junio de 1791 (conocidos como '*Ley Chapelier*') proscribieron las organizaciones de trabajadores en Francia. La Ley de 12 de abril de 1803 (Ley 22 Germinal del año XI) contenía un capítulo sobre el delito de coalición y el Código Penal de 1810 prohibía constituir asociaciones de más de diez personas. El derecho individualista de la República Francesa rechazaba toda acción colectiva de los trabajadores, ya fuera en su forma temporal, a través del instrumento de la huelga, ya fuera en su forma permanente, la organización profesional[20].

En Inglaterra, las conocidas como *Combination Acts* fueron promulgadas entre 1799 y 1800 y prohibían las asociaciones de trabajadores y la huelga. Estas leyes son también un claro exponente del liberalismo económico y de la función asignada al Estado por esta nueva filosofía política. Se repudiaba cualquier tipo de legislación que supusiera una intervención en el libre mercado. El Estado no debía intervenir más allá de su faceta de árbitro para impedir que ningún elemento o factor alterase el funcionamiento de las leyes del mercado.

Revista de CEHIS, nº7, Mar de Plata, junio 2018, disponible en https://fh.mdp.edu.ar/revistas/index.php/pasadoabierto/article/view/2377/5062.

19 *Vid.* VIDA SORIA. J., MONEREO PÉREZ, J.L., MOLINA NAVARRETE, C., MORENO VIDA, M.N., *Manual de Derecho Sindical*, Editorial Comares, Granada, 2008, pp.24-26.

20 *Vid.* SANTOS AZUELA, H. «La formación histórico-jurídica del sindicato», en VV.AA., SANTOS AZUELA, *Estudios Derecho Sindical y de trabajo*, UNAM, México, 1987, pp. 29 y ss.

Por su parte, la Revolución Americana ignoró la regulación del derecho de asociación. Ni la Declaración de Derechos de Virginia de 1776, ni la Declaración de Independencia de los Estados Unidos del mismo año lo mencionan. Tampoco la Constitución de los Estados Unidos de 1787, ni la 'Bill of Rights' —Declaración de Derechos— de 1791 hacen mención alguna a este derecho.

Paralelamente, la concentración de una enorme población rural en las nuevas fábricas, la insuficiencia salarial, las jornadas excesivas, la inanición y la incontrolada explotación gestaron la formación de asociaciones obreras en las principales actividades profesionales. En principio, estas organizaciones actuaron aisladamente y de forma desarticulada, pero se fueron consolidando hasta constituir un frente de reivindicación obrera. El liberalismo puso en evidencia que la igualdad teórica es una ventaja para los patrones, ya que había codificado la igualdad formal, pero la igualdad material era inexistente, y que la clase trabajadora sufría grandes problemas de pobreza, sin que existieran cauces o mecanismos jurídicos de contrapeso.

En España, las Cortes de Cádiz de 1812 abolieron el sistema gremial. En concreto, sería el Decreto CCLXII de 8 de junio de 1813 (conocido como el 'Decreto Toreno', porque fue impulsado por el Conde de Toreno y apoyado por Argüelles) el que estableció definitivamente la Libertad de Industria en España, lo que conllevó el fin de los gremios, la libertad de oficio, trabajo y comercio y constituiría el paso definitivo de la sociedad estamental a la clasista. La vuelta al absolutismo derogó el Decreto que se restableció en 1820 y posteriormente en 1836[21]. El escaso desarrollo industrial en nuestro país durante las primeras décadas del siglo, y estas especiales circunstancias políticas, hicieron que el liberalismo y el poder burgués tardará algo más en instaurarse y desarrollarse, lo que retrasó hasta 1839 la creación de las primeras asociaciones de trabajadores.

En España, en esta primera etapa, la prohibición se codifica con la tipificación en el Código Penal de 1822 que criminaliza la actividad sindical al amparo del tipo delictivo «maquinaciones para alterar el precio de las cosas» respecto a su función típica de regulaciones de las condiciones de trabajo y de sus instrumentos de lucha.

En la segunda etapa, las distintas legislaciones suprimen las prohibiciones de asociación profesional, no considerando la asociación como un delito. Esta tolerancia se inicia con la aceptación de las asociaciones empresariales. El concierto obrero en función del número de personas implicadas es visible y por ello requiere necesariamente

---

21   Vid. YVORRA LIMORTE, J.A, «La libertad de industria en las Cortes de Cádiz», Las Cortes de Cádiz, la Constitución de 1812 y las independencias nacionales en América, en VV.AA. COLOMER VIADEL, A. (Coord.), 2011, pp. 265-279.

de un reconocimiento formal, pero el empresarial puede ser más informal, bastando con un simple desayuno de negocios. Aparece así lo que en la doctrina anglosajona se ha llamado el '*double standard*', esto es, mientras las leyes de prohibiciones profesionales fueron utilizadas para enjuiciar las acciones obreras no pasaba lo mismo respecto de las coligaciones de empresarios, que resultaban de hecho autorizadas. Los poderes públicos se ven obligados por realismo político a revisar su postura, transigiendo con la existencia de algunas de ellas, como, por ejemplo, las sociedades de ayudas mutuas[22].

Estas asociaciones fueron las únicas inicialmente toleradas tenían un carácter exclusivamente benéfico y asistencial. Su reconocimiento también interesaba a las propias autoridades en tanto que libraban al nuevo Estado de cubrir determinadas necesidades de la incipiente/pujante clase obrera. Sin embargo, fueron utilizadas por los trabajadores como germen del sindicalismo, ya que, al ser integradas por obreros de una misma profesión, modificaban los fines legales inicialmente previstos —previsión y mutuas de beneficencia— por las de defensa de los intereses laborales colectivos.

Por ello, el desarrollo del fenómeno sindical siguió su curso bajo forma de sociedades de socorros mutuos, también como hermandades religiosas, en fin, como asociaciones clandestinas. Y así, la clase trabajadora se fue organizando, en Estados Unidos, por ejemplo, se fundó en 1859 '*La Noble Orden de los Caballeros del Trabajo*', como un recurso de los trabajadores para contrarrestar a los cierres patronales y las listas negras. Bajo el lema «*el daño inferido a uno interesa a todos*» la organización persiguió sustituir el sistema de trabajo asalariado por las sociedades cooperativas.

De tal modo, que el Estado acaba por verse compelido a alterar su actitud, cesando en la represión del Sindicato. Comienza una nueva fase marcada por la abolición expresa de las disposiciones represivas o prohibitivas: en Inglaterra una Ley de 1824 levanta las restricciones legislativas y en 1871 se promulga la Ley Sindical inglesa; en Estados Unidos un conjunto de sentencias comienza a mostrarse favorable a la asociación sindical, entre las cuales la primera es la dictada en el caso Commonwealth v. Hunt de 1842. Esta culmina con la '*Clayton Act*' de 1914, en la que se reconoce el derecho de sindicación. Es también el momento de la Ley Olivier de 1864 para que desapareciera el delito de coligación, así como de la Ley Waldeck-Rousseau de 12 de marzo de 1884, para la legalización de los sindicatos en Francia y del Código Industrial alemán que, en esta misma línea, es de 1869.

En España, el derecho de asociación obrera se conseguirá en 1855, al grito de *¡asociación o muerte!* que proclamaban los obreros en la primera huelga proletaria

---

22   *Vid.* SALA FRANCO, T. Y ALBIOL MONTESINOS, I. *Derecho Sindical*, Tirant Lo Blanch, Valencia, 6 edición, 2000, pp.46

de la historia del país. La petición de los obreros a los parlamentarios fue la siguiente «*No pretendemos que carguéis sobre el Estado la obligación de socorrernos, porque conocemos los apuros del Tesoro. Os pedimos únicamente el libre ejercicio de un derecho: el derecho de asociarnos*»[23].

Finalmente, en el año 1887, se aprobó la Ley de Asociaciones, en la que se incluyó la asociación sindical. Este reconocimiento, incoado bajo la idea de considerar al Sindicato como una simple asociación más de Derecho privado, no tardó en transformarla asociación sindical de un estatuto especifico, especial y favorable, a través de la Ley de Asociaciones profesionales de 8 de abril de 1932.

Por último, se habla de una etapa de inserción en el Estado como elemento o pieza clave en la promoción y consecución de la igualdad efectiva, considerando entonces a los sindicatos como institución autónoma, pero de naturaleza pública o cuasi-pública, a la cual se exige «*una unión amplia y comunitaria de sus fuerzas, y una responsabilidad en el ejercicio del poder normativo que tiene confiado y el poder económico que ha llegado a concentrar*»[24]. En suma, el Estado encomienda funciones públicas y un papel constitucional especifico en la promoción de la mejora de las condiciones de vida de la persona y en la consecución de la igualdad material.

3. DEL ÁNGEL DEL HOGAR AL 'AMA DE CASA OBRERA': LA EXPULSIÓN DE LAS MUJERES DE LOS ESPACIOS INDUSTRIALES Y SINDICALES

La Revolución Francesa abrió un proceso de cambio en Europa consistente en una nueva concepción del sujeto político y del ciudadano. Los rasgos de libertad, igualdad y fraternidad, así como de autonomía, capacidad y propiedad constituyeron los ejes básicos del sujeto político activo. El liberalismo conceptualizó al *yo* como un sujeto racional, sexualmente neutro y no sometido a autoridad social alguna[25].

De esta manera, la 'Declaración de Derechos del hombre y el ciudadano' establecía en su artículo primero que «*Los hombres nacen y permanecen libres e iguales en derechos. Las distinciones sociales sólo pueden fundarse en la utilidad común*»[26],

---

23 *Vid.* TUÑÓN DE LARA, M., *El movimiento obrero en la historia de España*, Tauros, Madrid, 1972, pp.120.

24 *Vid.* LEFRANC., G. *El sindicalismo en el mundo*, Editorial ZYX, Florencia, 1973, pp. 26.

25 *Vid.* CANTERO ROSALES, M.A., «De "Perfecta casada" a "ángel de hogar" o la construcción del arquetipo femenino en el S.XIX», *Tonos digital*, núm. 14, 2007.

26 *Vid.* OSTA VÁZQUEZ, M.L., «La igualdad negligenciada de la Revolución Francesa», *Revista de la Facultad de Derecho*, nº50, Montevideo, 2021.

codificándose la igualdad formal, dogma primigenio del liberalismo. No obstante, se evidenció que la declaración de los derechos del hombre y del ciudadano no suponían una universalización real, ya que la mayor parte de la población quedó excluida de ese reconocimiento de la igualdad formal y, por ende, de la actividad pública: muchos de los hombres que no cumplían los requisitos requeridos para ser considerados ciudadanos, así como todas las mujeres (*v.gr.* sufragio masculino censitario, mantenimiento de la esclavitud, trabajadores agrarios sin propiedades...)[27].

El desarrollo de los dogmas liberales consagró la existencia de dos esferas complementarias, aunque diferentes y sexualmente jerarquizadas, la pública y masculina y la privada y femenina[28]. Esta concepción se explica a través de la teoría del contrato social y la teoría del *contrato sexual*[29], que supone una exclusión radical (en su sentido etimológico: desde la raíz del origen del Estado moderno) basada en el sexo, de manera que el contrato social fue un pacto entre varones, a través del cual se construyó una esfera pública de iguales asentada en la desigualdad de las mujeres en el ámbito privado, desigualdad que se legitimó dotando a las mujeres de una serie de atributos por naturaleza[30].

La nueva concepción del orden social instaurado por el liberalismo conllevó una reformulación por parte de las sociedades liberales de las ideas de la misógina tradicional, ya que las mujeres dejaron de considerarse inferiores a los hombres, para considerarse diferentes. De esta manera, la función social y cultural de las mujeres se asentó entonces sobre el determinismo biológico, por la naturaleza propia del cuerpo, superando la concepción clásica de que el destino de las mujeres viene marcado por la voluntad divina y por el pecado[31].

Los detractores del programa liberal advertían del peligro de las iniciativas destinadas a la inclusión de las mujeres en el proyecto social, dada la incapacidad femenina para comportarse moralmente. Como respuesta a dicho argumento se plantea en este

---

27 *Vid.* CANTERO ROSALES, M.A., «De "Perfecta casada" a "ángel de hogar" o la construcción del arquetipo femenino en el S.XIX», *Tonos digital*, núm. 14, 2007.

28 *Vid.* MOLINA PUENTE, I. «La doble cara de discursos doméstico en la España Liberal: el Ángel del Hogar de Pilar Sinues», *Pasado y memoria. Revista de Historia contemporánea*, núm. 8, pp. 182-183.

29 *Vid.* PATEMAN, C., *El contrato sexual,* Anthropos Editorial, México, 1995.

30 *Vid.* VALVIDARES SUÁREZ, M.L., «La (des)igualdad por razón de sexo/género en el espacio público (de un Estado) social», en VV.AA. ALAEZ CORRAL, B. (Dir.), *Conflictos de derechos fundamentales en el espacio público*, pp. 4.

31 *Vid.* CLIMENT TERRER, F., *El ama de casa,* Cultura femenina, Parera, Barcelona, 1916, pp.12.

momento la necesidad de una educación distinta para forjar mujeres virtuosas: lo que se denominó como el '*ángel del hogar*'[32].

El ángel del hogar se adscribió al pensamiento liberal haciendo hincapié en la importancia del papel social de las mujeres y en la necesidad de una educación diferente como esposa y madre[33]. De esta manera, se planteó qué en las relaciones entre los sexos, contraídas en el orden íntimo al matrimonio y a la familia, y proyectadas en el orden social a todas las modalidades de la vida, la mujer *no es superior, ni igual, ni tampoco inferior al hombre*, es sencillamente su complemento. La mujer es un ser diferente al hombre y esta diferencia viene impuesta por la naturaleza, hecho que la orienta a responsabilizarse de las tareas de la casa, la crianza y el cuidado de los hijos.

La naturaleza moral, la constitución mental y física de la mujer asignan su función cultural, la definición ontológica de lo funcional, dónde debe estar y qué debe hacer dentro de casa, ya que es la única capaz de crear y fomentar una sociedad con una nueva moral. El ángel del hogar es el alma de la familia, la alteridad complementaria al hombre. El papel de la mujer se presenta entonces vinculado a la vida doméstica, lo que aseguró su influencia sobre la cultura a través de las prácticas asociadas a la vida privada. Su trabajo se presenta como relacional, administrativo, emotivo, educativo y supervisor, más que como comercial o político[34].

Sin embargo, no todos los estratos de la sociedad encajan en el dogma liberal del 'ángel del hogar', ya que las mujeres de sectores populares y las mujeres de las élites se tachan de desnaturalizadas, porque descuidan su casa, sus hijos y sus maridos: las primeras por su trabajo '*extra doméstico*' en las fábricas o en las plazas de los mercados, las segundas por dejar el cuidado de la familia a otros y dedicarse a la vida social y al ocio.

En este sentido, el cuestionamiento, primero social, y luego político, del liberalismo conllevó también una necesaria revisión del ideal de la mujer, más allá de los postulados clásicos del liberalismo, encarnados en la citada figura del ángel del hogar. Este es el contexto en el surge el Derecho del Trabajo, como herramienta que trata

---

32 El '*ángel del hogar*' fue el término acuñado por un manual de urbanismo muy popular en el S.XIX en España para definir a la mujer virtuosa, *vid.* SINUES DE MARCO, P., *El Ángel del Hogar*, Madrid, 1857.

33 *Vid.* MOLINA PUENTE, I. «La doble cara de discursos doméstico en la España Liberal: el Ángel del Hogar de Pilar Sinues», *Pasado y memoria. Revista de Historia contemporánea*, núm. 8, pp. 187.

34 *Vid.* BERMÚDEZ ESCOBAR, I.C., «El Ángel del Hogar: una aplicación de la semántica liberal a las mujeres en el S.XIX andino», *Historia y espacio*, vol. 4, nº 30, 2008.

de minimizar las desigualdades[35]. No obstante, la emergente regulación laboral se limitaba a un sector muy determinado: el trabajo productivo realizado en las fábricas. En el origen de esta regulación parcial probablemente se encuentre la vinculación con el incipiente movimiento obrero, que fue marcadamente de corte industrial, pero con el andar del tiempo supuso la codificación de un concepto de trabajo parcial, vinculado al trabajo productivo que se realizaba en la industria, en la esfera pública del individuo, dejando fuera de la consideración de trabajo productivo todo aquello que se realizaba en la esfera privada del individuo.

Sin embargo, esta dicotomía entre el trabajo realizado en la esfera pública y la privada no ha sido una constante histórica, sino que tiene su origen precisamente en la Revolución industrial y es una consecuencia de la división sexual del trabajo[36]. En ese sentido, la división del trabajo ha desempeñado un papel crucial: el hogar ha quedado reservado para el trabajo no remunerado de las mujeres, invisible y escasamente valorado, mientras que el trabajo remunerado, tradicionalmente realizado por el hombre como *sostén económico de la familia*, se circunscribía a la esfera pública[37].

Si una reflexiona sobre el devenir del papel de la mujer en esta época no sorprende que este discurra de manera paralela a la incipiente normativa laboral, lo que conllevó su paulatina exclusión del trabajo extra doméstico, principalmente en el sector industrial. Esta realidad también fue avalada por los sindicatos y los partidos políticos de izquierdas, que consideraban que, si se excluían colectivos que consideraban vulnerables, mujeres e infancia, se reforzaría el poder de negociación de los trabajadores. Se entendió que la obra de mano infantil y femenina en las fábricas perturbaba el orden económico, dificultaba la colocación de los obreros, y provocaba una espiral de descenso de los salarios que afectaba a la totalidad de la clase trabajadora[38]. Una mujer o un niño cobraba un salario muy inferior a un hombre adulto por realizar el mismo trabajo, lo cual provocaba que los obreros tuvieran, a su vez, que rebajar sus salarios para poder resultar competitivos económicamente en relación con niños y mujeres[39]. Una especie de '*dumping social*' en colectivos considerados fuerzas débiles.

---

35 *Vid.* SANGUINETI RAYMOND, W., «El Derecho del Trabajo como categoría histórica», *IUS ET VERITAS*, núm.12, 1996, pp. 147.

36 *Vid.* VALDIVIA, B., «Del Urbanismo androcéntrico a la ciudad cuidadora», *Hábitat y Sociedad* (issn 2173-125X), n.º 11, Universidad de Sevilla, 2018, pág. 66.

37 *Vid.* GARCÍA TORRES, A., *La perspectiva de género como factor de evolución de las fronteras y estructuras del Derecho del Trabajo*, Bomarzo, Albacete, 2024, pp. 34.

38 *Vid.* RODRÍGUEZ, G., «Sindicalismo y género», *Revista EXPE*, número VII, 2023, pp. 57.

39 *Vid.* MARTÍNEZ PEÑAS, L. «Los inicios de la legislación laboral española: la Ley Benot», *Revista Aequitas*, Vol.1, pp.30.

Por ello, las reivindicaciones sindicales se concentraron en torno a la idea de un 'salario familiar' o 'salario digno', ya que ser capaz de ganar un salario suficiente para mantener a la familia se convirtió en un signo de respetabilidad masculina[40], pero a su vez legitimaba la expulsión de las mujeres del trabajo extra-doméstico. No es necesario que ellas trabajen, si existe un salario digno que puede mantener a la familia. Esta reivindicación del salario digno también supuso una distinción entre estratos de trabajadores: por un lado, los obreros industriales organizados y, por otro, los trabajadores pobres, no industriales y no organizados, en los que se concentraba el empleo femenino subsistente. Esta cuestión conllevó que la mano de obra femenina fura considerada inferior, vinculada a la idea de las 'fuerzas débiles', al igual que el trabajo infantil, y por ello poco o nada cualificada.

En Inglaterra este proceso comienza con la aprobación de la *Mine Act* [Ley de minas] en 1842, que prohíbe que las mujeres y los niños menores de 10 años trabajen en las minas, y en 1847 la *Ten Hours Act* [Ley de las diez horas] que limitó la jornada a diez horas solamente a los varones menores de dieciocho años y a las mujeres de cualquier edad.

Durante los debates parlamentarios que dieron lugar a la *Ten Hours Act* un defensor de la restricción de horas de trabajo para las mujeres advirtió de que «*las obreras no solo realizan el trabajo de los hombres, sino que ocupan sus espacios; están formando diversos clubs y asociaciones y van adquiriendo gradualmente todos aquellos privilegios que se consideran propios del sexo masculino*»[41]. Argumento que evidencia que en el debate no solo subyacía una idea estereotipada de las fuerzas 'débiles' de trabajo, sino que tenía más implicaciones políticas de las que se intentó aparentar. En este sentido, la conceptualización de la mujer obrera y su posición en el empleo industrial contribuyó a que el conjunto ideológico del primer reformismo social se hiciera excluyendo rasgos esenciales de las construcciones de género, que arrastraría también a la concepción de los movimientos sociales y, por ende, a la proyección de las estructuras sindicales y del derecho del trabajo en su vertiente colectiva[42].

En este mismo sentido, las revisiones de la teoría marxista clásica desde los estudios feministas ponen en evidencia que se silenció cómo afectaba a la lucha de los

---

40 *Vid.* SECCOMBRE, W., *Weathering the storm. Workin-class families from the industrial revolution to the fertility decline*, Londres/Nueva York, Verso Press, 1995, pp. 114.

41 *Vid.* LOWN, J. *Women and Industrialization. Gender at Work un 19th Century England*, Minneapolis, University of Minnesota Press, 1990, pp. 181.

42 *Vid.* CRISTOBAL, N. «Trabajo, legislación y género en la España contemporánea: los orígenes de la legislación laboral», GÁLVEZ MUÑOZ, L. y SARASÚA GARCÍA, C., (Ed.), *¿Privilegios o eficiencia?: Mujeres y hombres en los mercados de trabajo*, Alicante, 2003, pp.1.

trabajadores el empleo de mujeres y niños en las fábricas, qué debates generó en las organizaciones de trabajadores, o cómo afectó a las relaciones de las mujeres con los hombres. En lugar de eso, los análisis clásicos del movimiento obrero se centraban en comentarios moralistas que reforzaban la idea de que el trabajo en la fábrica degrada el 'carácter moral' de las mujeres al favorecer un comportamiento 'promiscuo', además de hacerles descuidar sus obligaciones maternales. Casi nunca representa a las mujeres como figuras capaces de luchar por sí mismas. Casi siempre aparecen como víctimas, aunque sus contemporáneos señalaran su independencia, su comportamiento guerrero y su capacidad para defender sus intereses frente a los propietarios de las fábricas[43].

También causaba gran preocupación la cada vez más evidente desafección de las mujeres de clase obrera hacia la familia y la reproducción: trabajando en la fábrica todo el día, ganando un salario propio y viviendo en un espacio público con otras mujeres y hombres la mayor parte del día, se separaban con este comportamiento del ideal del 'Ángel del Hogar', aunque fuera obrera, ya que las denominadas 'muchachas de fábrica' «*no estaban interesadas en producir* [ni educar] *la próxima generación de obreros*»[44].

Es en este contexto en el que se comienza a cuestionar el control de las mujeres sobre su propio cuerpo. Se plantea aquí una nueva moral en la que se degrada la maternidad a una suerte de 'trabajo forzado', que confinaba a las mujeres al trabajo reproductivo, asentando la idea de su único papel era el de la trabajadora no-asalariada del hogar[45]. El control sobre el cuerpo se conecta con la expulsión de las mujeres del lugar de trabajo organizado, y contribuye a la aparición y naturalización del ama de casa obrera y la redefinición de la familia como lugar para la reproducción de la fuerza de trabajo[46].

Esto explica la promulgación de las leyes ahora expuestas a partir de la década de 1840, detrás de la creación del ama de casa de clase obrera y de la extensión a esta clase social del tipo de hogar y familia antes reservado a la clase media se hallaba la necesidad de un nuevo ideal familiar, también para la clase trabajadora. Así, la

---

43 *Vid.* FEDERICI, S., *El patriarcado del salario. Criticas feministas al marxismo*, Traficantes de sueños, Madrid, 2018, pp.55.

44 *Vid.* MIES, M., *Patriarchy and accumulation on a World Scale*, Zed Book, Londres,1986, pp. 105.

45 *Vid.* GUAMÁN HERNÁNDEZ, A., «El camino hacia el Derecho del Trabajo feminista y la imprescindible implicación sindical», en VV.AA., GUAMÁN HERNÁNDEZ, A. y GORÁN, N., *Feminismo, trabajo y acción sindical. Diálogos entre Europa y América Latina*, Clacso, Buenos Aires, 2024, pp. 38.

46 *Vid.* FEDERICI, S. *Caliban y la Bruja. Mujeres, cuerpos y acumulación originaria*, Traficantes de Sueños, Madrid, 2010, pp.142-143.

inversión en la reproducción de la clase obrera se vería correspondida con una mayor productividad, mientras la esposa se encarga de garantizar que el salario se invierta de manera adecuada, que el marido esté bien cuidado, lo bastante como para ser consumido por otro día de trabajo, y que se eduque adecuadamente a los hijos para su futuro destino de trabajadores[47].

Las mujeres perdieron terreno incluso en ocupaciones que habían sido históricamente prerrogativas femeninas, como la partería, y las proletarias encontraron entonces serias dificultades para obtener empleos que no fueran de la condición más baja: sirvientas domésticas, hilanderas, tejedoras, bordadoras, vendedoras ambulantes o amas de casa de crianza, trabajos que como se vio anteriormente eran no industriales y no organizados sindicalmente. La devaluación del trabajo asalariado femenino y la naturalización del trabajo reproductivo supuso que, para los trabajadores varones, las mujeres proletarias se convirtieran en el medio de reproducción más básico y un bien comunal del que cualquiera podía apropiarse y usar según su voluntad. La expulsión de las mujeres del trabajo asalariado y la devaluación del trabajo reproductivo conllevó que la pobreza fuera feminizada.

Este relato trae ecos de una suerte de *'acumulación originaria'*[48] pero en clave de género, en el que se redefine la idea o el concepto de *'mujer común'*[49], que en el siglo XVI calificaba a aquellas que se prostituían, pero que en esta nueva organización del trabajo conlleva que todas las mujeres se convirtieran en bien común, pues una vez que las actividades de las mujeres fueron definidas como no-trabajo, el trabajo femenino se convirtió en un recurso natural. Así, la pérdida de la tierra y los medios de producción por parte de la nueva clase trabajadora, que explicaría la primera acumulación originaria, fue parcialmente compensada en un pacto interclasista entre varones gracias a esa apropiación ulterior: la de las mujeres. La conversión de las

---

47 *Vid.* FEDERICI, S., *El patriarcado del salario. Criticas feministas al marxismo*, Traficantes de sueños, Madrid, 2018, pp.

48 La 'acumulación originaria' es un término acuñado por Karl Marx en el primer volumen de *El Capital* mediante el cual trata de evidenciar la expropiación de los productores directos, procedimiento mediante el cual se produce «*el aniquilamiento de la propiedad privada que se funda en el trabajo propio, esto es, la expropiación del trabajador*», permitiendo un elemento clave del capitalismo como es la explotación del trabajo formalmente libre de otros, es decir, el nacimiento del trabajo asalariado. El sentido de la acumulación primitiva es privatizar los medios de producción de tal modo que sus propietarios puedan aprovecharse de la existencia de población sin medios que tiene que trabajar para ellos, vendiendo su fuerza de trabajo, *cfr.* MARX, K., *El Capital*, Vol. I, en MARX, C. y ENGELS, F., *Obras Escogidas*, Tomo II, Editorial Progreso, Moscú, 1974, pp.103.

49 *Vid.* KARRAS, R.M., «The Regulations of Brothels in Later Medieval England», *Journal of Women in Culture and Society*, vol. 14, núm. 21, 1989, pp. 399-433.

mujeres en comunes implicó una nueva división (hetero)sexual del trabajo. Algunas mujeres fueron privatizadas, es decir, su trabajo se apropió para el beneficio particular de estos hombres con quienes compartían condición de clase.

Para hacer cumplir la *acumulación primitiva* masculina del trabajo femenino se construyó así un nuevo orden patriarcal, conduciendo a las mujeres a una doble dependencia, todas ellas dependen de los hombres, de sus maridos principalmente —o del cabeza de familia, en general, padre o hermanos en el supuesto de no estar casada o viuda— ya que se produjo una apropiación del trabajo reproductivo, que se duplica en aquellas que mantienen sus trabajos fuera del hogar, respecto de sus empleadores[50].

En la medida en que las mujeres fueron excluidas total o parcialmente del acceso al salario y que su trabajo sufrió un proceso incesante de devaluación y naturalización este solo era reconducible al ejercicio de la prostitución o en el contrato matrimonial. La ocultación y devaluación de toda actividad reproductiva, difuminada y controlada por el salario, fue clave para abaratar la mano de obra, mientras que el salario familiar se convirtió en la ideología que dividió la clase, y los sindicatos masculinos nunca alcanzaron a leer este fenómeno de forma crítica[51].

Este proceso gradual y poliédrico, compuesto por la expulsión de las fábricas de las mujeres, la incorporación del salario familiar a las reivindicaciones sindicales, la nueva educación y moral orientada a que las mujeres encarnen las virtudes de la domesticidad, supuso la instauración de un nuevo régimen reproductivo, proceso que culminó el tránsito del contrato social al *contrato sexual*, también más allá del dogma liberal.

La idea que subyace a toda esta legislación laboral, aunque en apariencia solo afecte al derecho individual del trabajo, también influirá de manera significativa en la codificación de los liderazgos sindicales y, posteriormente, en la regulación de las estructuras de la organización. En efecto, parece difícil aceptar como líder a alguien que no participa de las características que se consideran esenciales al efecto, que no comparte las esencias de lo que se pretende representar o liderar, en este caso el mundo del trabajo, que se ha subsumido con los valores propiamente masculinos derivados de la categorización legislativa del trabajo industrial.

---

50   *Vid.* FEDERICI, S. *Caliban y la Bruja. Mujeres, cuerpos y acumulación originaria*, Traficantes de Sueños, Madrid, 2010, pp.148.

51   *Vid.* CIELO, C., «Reproducción, mujeres y comunes. Leer a Silvia Federici desde el Ecuador actual», *Nueva Sociedad*, n° 256, marzo - abril 2015, disponible en https://nuso.org/articulo/reproduccion-mujeres-y-comunes-leer-a-silvia-federici-desde-el-ecuador-actual/

La exclusión de las mujeres como sujeto colectivo se hizo por una doble vía, ya que no solo se inició con las denominadas 'Leyes de Fábrica' una paulatina expulsión del colectivo de estos espacios, sino que, además, se invisibilizó los efectos que las luchas de los obreros masculinos podían tener sobre sus condiciones de vida y laborales, en los supuestos en los que mantuvieron algún tipo de trabajo 'extra domestico', o cómo podían afectar los avatares legislativos a la configuración familiar o a la consideración de la mujer como sujeto político independiente (acceso a la educación, derecho a voto, dependencia del marido para contratar…).

Por ello, las mujeres, naturalizadas desde la regulación del derecho laboral como sujetos en los márgenes, no fueron, ni podían ser, legalmente sujetos de derechos colectivos, por lo que tampoco podrían ser socialmente consideradas como tal. De esta manera, se puede afirmar que las relaciones industriales y, por ende, el sistema de relaciones laborales no ha concebido a las mujeres como un sujeto activo, valioso o merecedor de singular atención, en tanto que no las consideraba ni trabajadoras, ni sindicalistas, ya que siempre han quedado fuera de la definición de trabajo utilizada por el legislador[52].

Estas exclusiones, además, han legitimado la configuración, el desarrollo y el análisis de las relaciones de poder sin tomar en consideración los sesgos de género, por lo que se ha presentado como construcciones neutrales cuestiones que estaban sesgadas desde su origen, lo que se arrastrará en el futuro cuando se quiera intervenir en la corrección de la desigualdad. En efecto, si se considera que las relaciones de poder son neutras en términos de género y no se analiza la raíz epistemológica y radical del problema, las soluciones que se adopten estarán lastradas por idéntico patrón[53]. Esta concepción de la disciplina ha dado lugar a una concepción reduccionista en que la historia del movimiento obrero es en verdad la historia de los varones de la clase trabajadora[54]. Esa desigualdad para las mujeres en el punto de partida constituye un grave déficit, por cuanto persiste un orden simbólico patriarcal que establece como masculino (propio de los varones) el mundo productivo y por tanto masculiniza el imaginario del movimiento obrero y sindical.

---

52   *Vid.* GUAMÁN HERNÁNDEZ, A., «El camino hacia el Derecho del Trabajo feminista y la imprescindible implicación sindical», en VV.AA., GUAMÁN HERNÁNDEZ, A. y GORÁN, N., *Feminismo, trabajo y acción sindical. Diálogos entre Europa y América Latina*, Clacso, Buenos Aires, 2024, pp. 33.

53   *Vid.* FORREST, A., «A view from Outside the Whale: The Treatment of Women and Unions in Industrial Relations», *Women Challenging Unions: Feminism, Democracy and Militancy*, University of Toronto Press, 1993.

54   *Vid.* REY, M.F., «El sindicato como organización. Abordajes desde una perspectiva de género», *Trabajo y sociedad*, vol. 25, núm. 42, 2024, pp. 45-66.

También en las últimas décadas se ha cuestionado el sesgo androcéntrico que visibilizaba solo una parte de la experiencia y la memoria histórica de la humanidad como si fuera la única visión. Se ha impugnado que la historia del movimiento obrero y sindical se ha construido en base a un sujeto varón, obrero industrial, proveedor familiar, ofreciendo un relato masculinizado y excluyente, sin tener en cuenta la relación de interdependencia de ambos espacios que contribuía a reforzar el rol de género que adjudica a las mujeres los cuidados familiares, el papel de esposa-madre y el ámbito doméstico.

Así pues, las mujeres han trabajado desde el origen de los tiempos (desde la Revolución Industrial, si partimos de ese momento) y han formado parte de las revueltas ciudadanas por mejorar la vida también. Aunque muy condicionadas por su menor y peor acceso al trabajo remunerado, y a pesar de ser invisibilizadas por un relato y un lenguaje androcéntrico, han estado como trabajadoras. También han estado presentes en el movimiento obrero y sindical. Y eso que, para participar, las mujeres han tenido que desafiar y vencer muchas resistencias. Han tenido que superar el mandato patriarcal que bajo la ideología de la domesticidad busca mantenerlas subordinadas, calladas, sumisas, domésticas y bajo control masculino[55].

En este sentido, cabe destacar que el PSOE creó en el año 1917 una secretaría de la mujer con el objetivo de tratar de manera especializada las reivindicaciones planteadas por los colectivos femeninos y la CNT critica en su Congreso fundacional la falta de colaboración de los obreros en el hogar: «*Y cuando una mujer acaba de derramar su sangre por espacio de doce horas para mantener los vicios de un explotador, llega a su casa y en lugar de un descanso se encuentra con un nuevo burgués —su compañero— que con la mayor tranquilidad espera que haga los que haceres domésticos*»[56]

Se ha constatado especialmente en las zonas de mayor industrialización, la participación de las mujeres promovidas por las organizaciones sindicales. Especialmente reseñable resulta el protagonismo de las mujeres trabajadoras convocadas en las huelgas por la reducción de la jornada de trabajo en el sector textil en 1913. Se calcula que en esta huelga participaron entre 13.000 y 20.000 mujeres en los paros. No obstante, la historiografía feminista pone de manifiesto que existe una distorsión en los datos que se pueden extraer de los documentos oficiales de las organizaciones, ya que estos

---

55   *Vid.* MUÑOZ RUIZ, M., ANTÓN FERNÁNDEZ, E., GARCÍA BUJARRABAL, D., «Bloque II: De la participación en el nuevo movimiento obrero a la lucha contra las discriminaciones directas: 1962-1993», *El feminismo de las centrales sindicales en España*, Instituto de las Mujeres, Madrid, 2023, pp. 48-57.

56   *Vid.* NASH, M., *Mujer, familia y trabajo en España, 1875-1936*, Barcelona, Anthropos, 1983, pp.365.

eran los elaborados por la propia organización con una marcada ideología de clase, pero no quiere decir que resultaran representativos respecto del sentir mayoritario de la clase trabajadora[57].

Todas estas reflexiones debieran contribuir a tensionar la categoría 'universal' de 'trabajador' a la vez que revelan la tácita masculinización que contenía el concepto de clase social, evidenciando los procesos históricos de subalternización en el interior de la fuerza de trabajo[58].

4. LA CONSIDERACIÓN DE LA MUJER EN LA LEGISLACIÓN LABORAL ESPAÑOLA

Los albores de la legislación social en España tuvieron un devenir parecido al expuesto en el epígrafe anterior. Sin embargo, su evolución y desarrollo posterior está fuertemente marcado por los avatares políticos del país, especialmente por la dictadura franquista, que supuso un retroceso en los derechos y libertades de todos (sociales, sindicales y políticos) y, muy particularmente, en los derechos de las mujeres.

El inicio de la legislación social en España podríamos situarlo en la Ley Benot de 1873. Ya en su tramitación parlamentaria, el propio Benot defendió en las Cortes Generales, que «*los fabricantes han fijado privilegiadamente su atención en los niños y las mujeres, porque su trabajo pide menor recompensa que el trabajo de los hombres*» [Diario de Sesiones, 24 de julio de 1873]. La Ley Benot finalmente se limitó al trabajo de los menores en fábricas, talleres, fundiciones o minas. Sin embargo, ya establecía diferencias en los límites de edad por razón de sexo (así, se limitaba a cinco horas al día el trabajo de los niños menores de 13 años y de las niñas de 14 y se prohibía el trabajo nocturno de los jóvenes menores de 15 años y de las jóvenes menores de 17 en los establecimientos en que se empleasen motores hidráulicos o de vapor).

El debate en torno a la regulación, limitación y prohibición del trabajo de mujeres adultas continuó en los años posteriores. De esta manera, en 1899, se autorizaba al ministro de la Gobernación para que presentara a la Cortes un proyecto de Ley

---

57   *Vid.* ESCRIBANO GUTIÉRREZ, J., *La mujer trabajadora en el derecho histórico del trabajo en España*, Comares, Granada, 2019, pp.20-21.

58   *Vid.* ARRIAGA, E. y MEDINA, L., «Desafíos de las organizaciones sindicales frente a la desigualdad de género. Hacia la construcción de una agenda de investigación», *Pasado abierto, Revista de CEHIS*, nº7, Mar de Plata, Junio 2018, disponible en https://fh.mdp.edu.ar/revistas/index.php/pasadoabierto/article/view/2377/5062.

regulando el trabajo de mujeres y niños en los establecimientos mercantiles[59], contenido que finalmente se incorporaría a la Ley de mujeres y niños de 13 de marzo de 1900.

En esta misma línea, se aprobó posteriormente la Ley de 11 de julio de 1912 que prohibía el trabajo nocturno de las mujeres en talleres y fábricas [«*Se prohíbe el trabajo industrial nocturno de las mujeres en talleres y fábricas*»] y el Real Decreto Ley de 15 de agosto de 1927 que estableció el descanso nocturno de la mujer obrera [«*Cuando no exista en general ninguna otra limitación legal de la jornada de trabajo, la Ley de 11 de julio de 1912 estableció, para las obreras empleadas en fábricas y talleres, un descanso mínimo y continuo de once horas, que necesariamente había de comprender el intervalo de las nueve de la noche a las cinco de la mañana. Para la implantación de este descanso, señaló la Ley la fecha de 14 de enero de 1914, exceptuando de este plazo a las mujeres solteras y viudas sin hijos que estuviesen empleadas en la industria textil y cuyo número habría de irse reduciendo paulatinamente de manera que en 14 de enero de 1920 quedara en absoluto prohibido para las mujeres en general el trabajo industrial nocturno*»].

En la Dictadura de Primo de Rivera ocurre un hito legislativo para nuestra disciplina, ya que se aprueba el primer cuerpo legislativo sistemático de Derecho del Trabajo: El Código de Trabajo de 1926. Este primer texto normativo convierte en laborales ciertas limitaciones de capacidad existentes en la normativa civil respecto de las mujeres, como la autorización marital. Así, el artículo 4 del Código de Trabajo establecía que «*la mujer casada, con autorización del marido, salvo caso de separación de derecho o de hecho, en el que se reputará concedida por ministerio de la ley para todos los efectos derivados del contrato, incluso el percibo de su remuneración*»[60].

En el año 1931, con la promulgación de la Constitución Republicana se estableció que «*Toda persona es libre de elegir su profesión*» (art.33) y «*Todos los españoles, sin distinción de sexo son admisibles a los empleos y cargos públicos*». A pesar de que el texto constitucional consagrara el derecho de las mujeres al trabajo púbico y privado, este siguió estando condicionado a menudo por su estado civil. En este sentido, las casadas debían tener autorización marital para firmar contratos laborales según se

---

59 *Cfr.* Gaceta de Madrid, 5 de diciembre de 1899, nº339, pp. 775-776. Ministerio de la Gobernación. Real Decreto autorizando al Ministro de Gobernación para que presente a las Cortes un proyecto de Ley regulando el trabajo de las mujeres y los niños en los establecimientos industriales y mercantiles.

60 *Vid.* ESCRIBANO GUTIÉRREZ, J., *La mujer trabajadora en el derecho histórico del trabajo en España*, Comares, Granada, 2019, pp. 36-37.

desprende de la ley de Contrato de Trabajo de noviembre de 1931 y el cónyuge podía cobrar, en ciertos casos, el salario de su esposa[61].

Por tanto, aunque la II República trató de impulsar desde la cúspide normativa avances en materia de igualdad, en la práctica las resistencias, tanto sociales como legislativas, a determinados cambios hicieron que también las desigualdades ante el trabajo femenino continuaran vigentes en este periodo. Así lo demuestran los debates parlamentarios en torno a esta cuestión, en los que tanto los sectores conservadores como los progresistas plantearon dudas y prejuicios a la hora de aceptar que las mujeres se incorporaran plenamente a trabajos remunerados o a una profesión fuera del hogar.

La legislación republicana trató de sortear alguno de estos impedimentos sociales impulsando la inclusión de la mujer desde el ámbito público, y para ello reconoció la capacidad de opositar de las mujeres para ejercer como notarios, registradores de la propiedad, procuradores de los tribunales y secretarios de juzgados. También se crearon cuerpos femeninos en algunos ministerios como en el de Correos, en el Cuerpo de Auxiliar Subalterno del Ejército, en el Cuerpo de Prisiones, en el de Mecanógrafas del Ministerio de la Marina y en el Cuerpo de la Escala de Telegrafistas femeninos[62].

Como es sabido, esta situación duró poco, ya que, en el año 1938, pasó a regir en la mayor parte del territorio nacional el Fuero del Trabajo, el cual estableció que se *«prohibirá el trabajo nocturno de las mujeres y niños, [se] regulará el trabajo a domicilio y [se] liberará a la mujer casada del taller y de la fábrica»* (título II, artículo I). Con ello, se crea la excedencia forzosa por matrimonio del personal femenino. En esta misma línea, y para que las mujeres no tuvieran necesidad de trabajar fuera del hogar se establecía un subsidio familiar pagado al padre, para completar los bajos salarios masculinos (incorporado por la Ley de Bases de 18 de julio de 1938). Esa regulación se completó con la Ley de Ayuda Familiar de 1946, por la cual se privaba del plus familiar a las familias en las que la esposa tuviera un empleo[63].

---

61 *Vid.* AGUADO HIGÓN, A. Y SANFELIU, L. «Trabajadoras republicanas. Mujeres y Trabajo durante la segunda república y la guerra civil en Valencia», *Baetica. Estudios Historia Moderna y Contemporánea,* nº 41, 2021, pp. 371-372.

62 *Vid.* RUÍZ FRANCO, M.R., «Transformaciones, pervivencias y estados de opinión en la situación jurídica y social de las mujeres en España (1931-1939)», *Historia y Comunicación Social,* nº 5, 2000, pp.234.

63 *Vid.* MUÑOZ RUIZ, M., ANTÓN FERNÁNDEZ, E., GARCÍA BUJARRABAL, D., «Bloque II: De la participación en el nuevo movimiento obrero a la lucha contra las discriminaciones directas: 1962-1993», *El feminismo de las centrales sindicales en España,* Instituto de las Mujeres, Madrid, 2023, pp. 48-50.

Esta gradual expulsión de las mujeres del trabajo extra-doméstico también se pone de manifiesto en la orden del Ministerio de Trabajo de 27 de septiembre de 1939 mediante la cual se prohibía a los 'funcionarios femeninos' obtener la categoría de jefe de Administración, del mismo modo que se impedía el acceso a los cargos de delegados e Inspectores Provinciales de Trabajo. También se restringió el acceso de las mujeres a los empleos cualificados y a las carreras profesionales. Mediante la Orden de 17 de noviembre de 1939 se prohibió a las mujeres inscribirse en las oficinas de colocación salvo en los supuestos en lo que fuera una mujer cabeza de familia sin ingresos ni varón, que fuera una mujer soltera que no tuviera otro modo de subsistencia o aquellos supuestos en los que la mujer tuviera un título académico u oficio cualificado que le permitiera ejercer una profesión.

En esta misma línea, una Ley de 13 de julio de 1940 prohibió a las mujeres opositar al Cuerpo Técnico-Administrativo y Auxiliar del Ministerio de la Gobernación, salvo en los supuestos en los que fuera la cabeza de familia y no contara con medios económicos para sostenerse ella y sus hijos, o si era soltera, o viuda sin ningún medio familiar. El 2 de junio de 1944, el Reglamento notarial prohibió el acceso de la mujer al notariado y seguidamente se hizo al Cuerpo de Registradores de la Propiedad y al Diplomático. Además, en 1953 se aclaró que la mujer no tenía derecho a entrar en el Secretariado de la Administración de Justicia [64].

Por otra parte, en el Fuero de los Españoles, otorgado el 17 de julio de 1945, se confirmaba el papel fundamental de la familia dentro del Estado español: «*El Estado reconoce y ampara la familia como institución natural y fundamento de la sociedad, con derechos y deberes anteriores superiores a toda ley humana positiva. El matrimonio será uno e indisoluble*» (art.22).

Esta expulsión o subordinación del trabajo femenino se codifica finalmente, en el artículo 11.d) de la Ley de Contrato de Trabajo[65] que exigía a la mujer casada autorización del marido para contratar su trabajo. Posteriormente, se aprobó el Decreto de 26 de julio de 1957 sobre Industrias y Trabajos prohibidos a mujeres y menores por peligrosos o insalubres. Esta norma previa que «*el alto concepto que en general al español merece la mujer y la atención que de manera especial debe ser puesta en evitar que un trabajo nocivo pueda perjudicar su naturaleza (…)*».

---

64   *Vid.* MUÑOZ RUIZ, M., ANTÓN FERNÁNDEZ, E., GARCÍA BUJARRABAL, D., «Bloque II: De la participación en el nuevo movimiento obrero a la lucha contra las discriminaciones directas: 1962-1993», *El feminismo de las centrales sindicales en España*, Instituto de las Mujeres, Madrid, 2023, pp. 48-57.

65   *Cfr.* Decreto de 26 de enero de 1944 por el que se aprueba el texto refundido del Libro I de la Ley de Contrato de Trabajo.

Sin embargo, la consideración laboral de la mujer no fue lineal a lo largo de todo el franquismo. Al igual que ocurrió en otros ámbitos sociales se intentaron corregir, al menos formalmente, algunos elementos nucleares del sistema jurídico para evitar el aislamiento total del país respecto de las democracias europeas de postguerra. En este contexto, se aprobó la Ley 56/1961, de 22 de julio, sobre derechos políticos profesionales y de trabajo de la mujer, que supuso un intento por equiparar el trabajo femenino al masculino. Así, se eliminaron las prohibiciones de empleo femenino en los cargos públicos de la Administración, y en cualquier oposición para acceder a estos puestos, excluyéndose las Fuerzas e Institutos Armados, la Administración de Justicia en los cargos de Magistrados, Jueces y Fiscales, salvo en las jurisdicciones tutelar de menores y laboral y de la Marina Mercante (art. 2 y 3).

Además, las mujeres podían contratar su trabajo y se establecía la desaparición de cualquier discriminación laboral o salarial por razón de sexo o estado civil (art.4). Sin embargo, no desapareció la figura de la autorización marital para el desempeño de un trabajo retribuido. De este modo, establecía que «*cuando por ley se exija la autorización marital para el ejercicio de los derechos reconocidos en la presente, deberá constar en forma expresa y, si fuere denegada, la oposición o negativa del marido no será eficaz cuando se declare judicialmente que ha sido hecha de mala fe o con abuso de derecho*» (art. 5). La Ley de 1961 también introdujo el marco jurídico de la igualdad retributiva al establecer que «*las disposiciones laborales reconocerán el principio de igualdad de retribución de los trabajos de valor igual*» (art.4.2).

La Ley de 1961 se desarrollaba por el Decreto 258/1962, de 1 de febrero, por el que se aplica a la esfera laboral la Ley 56/1961, de 22 de julio, que equipara a los trabajadores de uno y otro sexo en sus derechos de orden laboral, cuya principal novedad fue la eliminación de la excedencia forzosa por matrimonio. A partir de entonces se ofrecía a las trabajadoras la oportunidad de continuar en el trabajo o rescindir su contrato con percibo de la indemnización [denominada tradicionalmente '*dote*'], o bien solicitar una excedencia voluntaria por período de 1 a 5 años (art.2).

Aunque la norma pudiera parecer un avance en la igualdad de derechos en la práctica no provocó un cambio sustancial en la situación laboral de las mujeres. Es verdad que eliminó restricciones jurídicas al acceso a algunos empleos, pero mantuvo la dependencia jurídica de las mujeres respecto de sus maridos. Aunque teóricamente no se aceptaban diferencias salariales, la concreción del salario se remitía a las reglamentaciones laborales de las empresas, que establecieron salarios menores para las mujeres en todas las categorías que iban a ser ocupadas por aquellas, pese a que ejercieran exactamente la misma labor que los varones, ya que la propia norma preveía que «*las Reglamentaciones de Trabajo, convenios colectivos y Reglamentos Interiores de*

Empresa señalarán normas específicas que adecuen la retribución al diferente valor o calidad del trabajo femenino. Las diferencias deberán quedar justificadas debidamente en la disposición que las establezca» (art.3).

Con posterioridad, se aprobó el Decreto 2310/1970, de 20 de agosto, de Derechos Laborales de la Mujer, que proclamaba que *«la mujer tiene derecho a prestar servicios laborales en plena situación de igualdad jurídica con el hombre y a percibir por ello idéntica remuneración»* (art.1).

Cabe mencionar que con la llegada de la democracia esta supuesta legislación protectora no se elimina, sino que, pese a que se impone la erradicación de cualquier discriminación por razón de sexo en el trabajo, se siguieron prohibiendo determinados empleos a las mujeres. Esta normativa se mantuvo hasta la sentencia del Tribunal Constitucional 229/1992, de 14 de diciembre, que dictaminó la inconstitucionalidad de cualquier tipo de prohibición o distinción en relación con la mujer en el trabajo, salvo que estuviera fundada en situaciones de embarazo o maternidad. Acogiendo esta teoría, la Ley 31/1995 derogó finalmente las prohibiciones establecidas para la mujer en el Decreto de 26 de julio de 1957, dando por finalizado casi un siglo de prohibición, que adscribía unos determinados empleos en función del género a partir de unos discursos naturalizadores de las diferencias biológicas[66].

Superadas las prohibiciones de acceso al trabajo, la intervención legislativa en materia de igualdad de género se centra en el mandato constitucional de los artículos 14 y 9.3 de la CE. En este período se inician las medidas de conciliación de la vida laboral y familiar, cuyo hito legislativo fue la Ley 39/1999, de 5 de noviembre, para promover la conciliación de la vida familiar y laboral de las personas trabajadoras.

La conceptualización de la división sexual de trabajo supuso, a nivel legislativo, una obligación de intervenir, más allá de garantizar el acceso al mercado de trabajo de las mujeres, y conllevó un cambio de perspectiva, porque se trató de corregir las desigualdades que derivaban de esa doble carga de trabajo para ellas. Sin embargo estas intervenciones legislativas siguen adoleciendo determinadas tachas en materia de igualdad, ya que, por un lado, son políticas de inserción de la mujer en el mercado que favorecen la incorporación individual al empleo pero no corrigen ni intervienen su vertiente colectiva y, por otro, son medidas que tratan de eliminar barreras históricas a las mujeres, pero no propugnan un reparto equitativo de las funciones y

---

66   *Vid.* MUÑOZ RUIZ, M., ANTÓN FERNÁNDEZ, E., GARCÍA BUJARRABAL, D., «Bloque II: De la participación en el nuevo movimiento obrero a la lucha contra las discriminaciones directas: 1962-1993», *El feminismo de las centrales sindicales en España*, Instituto de las Mujeres, Madrid, 2023, pp. 48-50.

la carga de trabajo no remunerado que tradicionalmente desempeñaban estas en el ámbito doméstico[67].

Aunque no se puede negar que estas intervenciones legislativas supusieron un avance respecto al estadio anterior, seguía habiendo un problema al que no da respuesta. Si para promover la igualdad de condiciones en el mercado de trabajo se adoptan simples medidas de conciliación, se está reconociendo una doble jornada para las mujeres, la remunerada y la no remunerada. Por ello, era necesario que la idea de igualdad no se construyera tomando como punto único de referencia el papel del hombre trabajador. La incorporación de las mujeres al trabajo extradoméstico plantea la necesidad de establecer dos tipos de estrategias políticas. Por un lado, políticas de inserción de la mujer en el mercado que favorecen la incorporación individual al empleo y, por otro, medidas que tiendan hacia un reparto equitativo de las funciones y la carga de trabajo no remunerado que tradicionalmente desempeñaban las mujeres en el ámbito doméstico.

Este planteamiento no fue adoptado de manera expresa y decidida por el legislador hasta la Ley Orgánica 3/2007, de Igualdad entre mujeres y hombres, en la que por primera vez se reivindicó la necesidad de adoptar medidas de transversalidad o 'mainstreaming'. Sin embargo, todas las propuestas implementadas hasta el momento siguen aceptando como postulado inicial de partida que los cuidados tienen un valor social, pero no productivo. Las medidas legislativas tratan de intervenir para conseguir un reparto más equitativo y justo entre los géneros, pero con la concepción de que la satisfacción de estas necesidades no genera valor económico.

La conciliación, en su propia esencia y definición ha sido definida o abordada como una problemática puramente femenina[68]. En efecto, aunque son ellas las que se ocupan del trabajo reproductivo en los hogares, se debe ofrecer medidas o facilidades para que ambos sexos compatibilicen cuando estas se incorporan al mercado productivo. No obstante, y en principio, esto es algo que no les atañe a ellos o les afecta solamente en la medida en la que quieran compartir una responsabilidad no productiva. Sin embargo, si abogamos por una concepción amplia de los cuidados, como un elemento nuclear e imprescindible de las sociedades modernas es más acertado el concepto de articulación, en la medida en que permite dar cuenta del conflicto que rodea a la

---

67 *Vid.* DURÁN, M.A., «Concentración y reparto del trabajo no remunerado en los hogares», *Cuadernos de relaciones laborales*, nº 17, 2000, pp. 93.

68 *Vid.* TORNS, T., «De la imposible conciliación a los permanentes malos arreglos», *Cuadernos de relaciones laborales*, nº 23, pp.17.

imbricación de las esferas productiva y reproductiva y su necesidad de articular las esferas pública y privada del individuo y lo desfeminiza[69].

5. EL DERECHO COLECTIVO DEL TRABAJO: ESENCIA Y ASINCRONÍA DE SU EVOLUCIÓN DESDE LA PERSPECTIVA DE GÉNERO

El Derecho del Trabajo está históricamente ligado a los sujetos colectivos, a través de los movimientos sociales y resulta innegable que la disciplina no puede ser entendida sin un derecho colectivo fuerte. Es más: la dimensión colectiva está en la propia concepción del trabajo humano/productivo, ya que el resultado de este es también socialmente productivo en mayor o menor medida, o lo es siempre y necesariamente, como pensaba Hegel. La actividad a la vez productiva individualmente y antisocial pertenece a la patología de las relaciones comunitarias, aunque el estado patológico pueda ser crónico[70].

La especialidad técnica de nuestra disciplina reside, precisamente, en la invención de la dimensión colectiva como objeto del análisis jurídico de la relación de trabajo[71]. El Derecho del Trabajo, ciertamente, no podrá entenderse sin la acogida expresa de los *derechos colectivos*, que de alguna manera estuvieron presentes en el germen de la legislación laboral y que han llegado a constituir uno sus ingredientes más sólidos y al mismo tiempo más representativos[72].

Sin embargo, el modelo de derecho colectivo español responde o refleja problemas de la época en la que fue diseñado, sin que haya habido una evolución de las estructuras colectivas acompasada con los cambios productivos y con las reformas del derecho individual. Posiblemente el sistema de relaciones laborales planteado y diseñado durante la Transición ya adolecía de determinadas carencias o cargas que impendían que en su desarrollo se alcanzara un sistema de relaciones laborales moderno.

---

69   *Vid.* PICCHIO, A. «El trabajo de reproducción, tema central del análisis del mercado de trabajo», en VV.AA., BORDERÍAS, C., CARRASCO, C. y ALEMANY, C., *Las mujeres y el trabajo*, Rupturas conceptuales, 1994, pp. 451-490.

70   *Vid.* ALONSO OLEA, M., *Introducción al Derecho del Trabajo*, Civitas, 6 edición, 2002, pp.61 y 62.

71   *Vid.* SUPIOT, A., *Critique du droit du travail*, *Presses* Universitaire de France, Paris, 1994, pp. 124.

72   *Vid.* FERNÁNDEZZ VILLAZÓN, L., «Las relaciones colectivas de trabajo y su regulación: retos y propuestas», en VV.AA., *Acción sindical y relaciones colectivas en los nuevos escenarios laborales*, ARGÜELLES BLANCO, A.R. y FERNÁNDEZ VILLAZÓN, L. (Dir.), Aranzadi, Navarra, 2022, pág.33.

Esto se debe, fundamentalmente, a dos razones: la primera respondía a la situación política y social derivada del tránsito entre regímenes, y que mezclaba y confundía planos habitualmente bien separados y delimitados en las sociedades industriales avanzadas. De esta manera, los conflictos laborales y políticos que, en las democracias sólidas, están claramente separados en sistemas institucionales distintos, se superponían y confundían tanto en las calles como en la normativa (*vid.* RL 17/1977, de marzo, de relaciones laborales). Así, reivindicaciones laborales como mejoras salariales, modernización de las condiciones de empleo y trabajo, o pactos distributivos, se mezclaban con presiones y movilizaciones para democratizar el país y establecer derechos fundamentales básicos, como la libertad ideológica o sindical.

Se instauró en esos años una tendencia al conflicto laboral «*total*», con resonancias políticas que no encajaban en el marco institucional[73]. Y es probable que en esta idea del conflicto total es donde se enmarcaran las reivindicaciones del movimiento feminista, pero se orientaron más a cuestiones políticas y sociales —derecho al aborto o al divorcio— que a las puramente laborales[74].

En la transición convivían los que abogaban por una ruptura total y eran partidarios de un sistema democrático real, en el que debían incluirse al 50% de la población que hasta entonces había estado marginado, y los que preferían una reforma limitada, que sustituyera el sistema político, pero sin cuestionar las bases sociales, en especial, el modelo familiar. Una cosa era transformar el sistema político y otra muy distinta la estructura familiar y de poder dominante. En este contexto, el feminismo se inscribe dentro de los denominados 'nuevos movimientos sociales', propios de las sociedades post industriales que plantean demandas concretas. A estos movimientos se les denominaron 'nuevos' para diferenciarlos del movimiento obrero tradicional basado en la lucha de clases, lo que a la larga supone que las agendas de unos y otras no discurrieran de manera paralela[75].

---

73   *Vid.* ALONSO BENITO, L.E., «El trabajo y su futuro en España a la luz del Estatuto de los Trabajadores», en VV.AA., RUESGA BENITO, S.M. (Coord.), *Transformaciones laborales en España a XXV años de la promulgación del Estatuto de los Trabajadores*, Ministerio de Trabajo y Asuntos Sociales, Madrid, 2005, pp.55-56.

74   *Vid.* RODRÍGUEZ GALLARDO, A. y MARTINS RODRÍGUEZ, Mª V., «Formas de empoderamiento femenino y la actividad sindical en la Galicia democrática», en VV.AA., *I Coloquio internacional 'Haciendo Historia. Género y Transición Política'*. Transiciones en Marcha, Universidad de Albacete, pp. 60 y «Encuentros sobre mujeres y participación sindical», *IV Jornadas de la mujer de CCOO*, Madrid, Archivo de la Fundación, 10 de marzo.

75   *Vid.* TOBOSO, P., «El movimiento feminista y la política de pactos de la transición: logros y renuncias», *Debats. Revista de cultura, poder y sociedad*, nº 132, 2017, pp. 40-41.

Esta situación hace que cuando el Estatuto de los Trabajadores evoluciona como pieza clave de la institucionalización del trabajo, reivindicándose como un espacio social que puede desarrollar reglas propias en sus negociaciones, sus pactos y sus contratos dejara fuera las cuestiones de género, que se desarrollaron paralelamente en otras esferas del ordenamiento jurídico. Cuando ambos planos lograron separarse, el político y el laboral/sindical, esto supuso un atraso de la agenda feminista en el mercado de trabajo, ya que esta se había centrado en las cuestiones sociales sin una agenda sindical o laboral propia, lo que conllevó que se mantuviera en el ideario sindical democrático que surge de esta época una constante con los valores y el trabajo y organización vinculado a lo masculino.

Y la segunda razón se explica en la propia concepción del Estatuto y el momento histórico en que fue concebido, en el que se estaba produciendo un cambio de modelo productivo y de rearticulación del mercado de trabajo que no fue debidamente incorporado a la nueva normativa laboral, lo que conlleva que toda su andadura se caracterice por una especie asincronía entre sus normas y la realidad social. Y ello es así, porque el Estatuto de los Trabajadores supone la plasmación de un marco de relaciones laborales típico del fordismo maduro y de los derechos colectivos laborales —quizás sea el último ejemplo tardío de institucionalización de un sistema de relaciones laborales garantistas y de derecho al trabajo moderno— pero esta institucionalización se realiza justamente cuando este tipo de modelo de relaciones laborales se empezaba a fragmentar y deconstruir en el entorno internacional[76].

Esta cuestión también tiene una lectura en clave de género, ya que el fordismo supone la institucionalización en el sistema de relaciones laborales del trabajo industrial, prototípico del empleo masculino. Así el Estatuto de los Trabajadores se dirige principalmente al obrero industrial, no racializado, de mediana edad[77]. Esta codificación del ideal de trabajador no influye solo en la regulación del derecho individual, sino que tendrá luego proyección en como se entienden los derechos colectivos —unidad de negociación colectiva, audiencia y representatividad electoral— y también influirá, como se verá en epígrafes siguientes, en la organización y representación interna de los propios sindicatos.

---

76   *Vid.* ALONSO BENITO, L.E., *op.cit.*, pp.57.

77   *Vid.* ESCUDERO RODRÍGUEZ, R., «La negociación colectiva como pilar del Estado de bienestar y los cambios en el mundo del trabajo», *Gaceta Sindical. Monográfico sobre el sindicalismo del futuro*, Confederación Sindical de Comisiones Obreras, nº185, abril, 2000 y PÉREZ DEL RÍO, T. «Derechos sociales, laborales y sindicales y políticas de género», *Gaceta Sindical. Reflexiones y Debate. 25 años de sindicalismo. Sindicato y Sociedad*, Confederación Sindical de Comisiones Obreras, octubre, 2001, pp.85.

El proceso de desindustrialización y sus efectos en las clases obreras y subalternas produjeron en esta época dos transformaciones de manera simultánea que se retroalimentaban: la consolidación del modelo de la mujer trabajadora y la crisis de la masculinidad obrera. Las mujeres transitaron en esta época de la entidad de *esposas y madres de* a la identidad de obreras (mujer militante, mujer trabajadora) reivindicando cambios en el mercado de trabajo y en la organización familiar[78]. Si las segundas sí tuvieron cabida, las primeras fueron desoídas por la incipiente legislación laboral. La institucionalización del trabajador industrial como elemento preferente del sistema de relaciones laborales consolida la desconexión de la legislación laboral con los sectores feminizados, que cuentan en muchos casos con una falta de regulación y con falta de representatividad en estos sectores.

Y este hecho probablemente se explique por el modelo dual de ama de casa y rol proveedor que se instauró durante la dictadura franquista. En esos años, ni la mentalidad dominante ni la realidad legislativa, que se analizaron en el epígrafe anterior, propiciaron que las mujeres acudieran al mercado laboral con perspectivas de futuro, pensando en desarrollar carreras profesionales, sino todo lo contrario. Esto influyó en la poca conciencia que la mayoría de las mujeres trabajadoras tenían de su identidad como trabajadoras. La norma general en el comportamiento de las mujeres respecto del trabajo asalariado era la temporalidad, la baja cualificación, la edad temprana en el inicio de la actividad y el abandono del puesto de trabajo cuando se contraía matrimonio o se tenía el primer hijo. Una vez organizada la familia, si se necesitaban aumentar los ingresos lo más probable es que estas mujeres entraran en el mercado de trabajo irregular, en el servicio doméstico o realizaran trabajos a domicilio, como coser o fabricar juguetes.

Por el contrario, es esa época se vivió la consolidación del modelo de varón obrero responsable económico de su familia. La definición de clase obrera está connotada genéricamente, al igual que sucede con la noción de ciudadano que parte de la Ilustración y la Revolución francesa, aunque ambos aparentemente son conceptos universales. Por esa razón, aunque los movimientos políticos y sociales de corte universalista proclamaran la igualdad de varones y mujeres, en la práctica era complicado incluir en los sindicatos a las trabajadoras puesto que eran organizaciones que nombraban en masculino y actuaban defendiendo la noción de varón proveedor. Ahora bien, esta autoridad masculina dentro de la familia y de la sociedad necesitaba de una base material, y esta se encuentra en la aseveración de que el varón es el encargado

78 *Vid.* DE DIOS FERNÁNDEZ, E., «Mujeres y hombres en la Transición: las mujeres trabajadoras y la crisis de la masculinidad», *Spagna contemporánea*, nº 55, 2019, pp. 103-122.

del mantenimiento económico de la unidad familiar, es decir, la reafirmación de la identidad masculina se realiza en función de su rol en el espacio público, de su trabajo productivo[79].

Si la ruptura entre la realidad económico-social y la legislación laboral ya era evidente durante la década de los ochenta, en la actualidad es unánime que el desajuste entre una normativa pensada para empresas industriales, grandes, y organizadas conforme al modelo fordista y una economía fuertemente terciarizada, con tendencia a la fragmentación de las organizaciones empresariales y en pleno auge de los modelos de organización no industriales es absoluto. Esta situación ha propiciado que las normas queden desactualizadas, produciéndose un distanciamiento cada vez más preocupante entre la norma reguladora y la realidad regulada. Y es así como se están produciendo importantes disfunciones, que generan lo que se podría considerarse una crisis normativa por omisión, que afecta principalmente a sectores feminizados en los márgenes del empleo industrial sindicalmente organizado.

Tradicionalmente, se ha entendido que los derechos colectivos eran neutros en términos de género. Y que, por ello, podían mantenerse al margen de los cambios impulsados por concepciones parciales, o no totalizadoras, del principio de igualdad. Esta impermeabilidad al principio de igualdad y su pretendida neutralidad, olvidaba, por un lado, la dificultad de conseguir la neutralidad de la norma jurídica, y por otro, que el trabajador prototipo en la realidad laboral sigue siendo el trabajador varón —el empleo masculino es mayor y de más calidad y, por ende, mantenía un *estatus quo* perjudicial para las mujeres[80].

Si bien es cierto que el legislador ha acometido importantes modificaciones en la legislación laboral tendentes a la efectividad del principio de igualdad entre mujeres y hombre, esas modificaciones se mantuvieron durante décadas al margen de los derechos colectivos (Títulos II —de la representación de los trabajadores en la empresa— y Título III – de los convenios colectivos). Ni la Ley 3/1989, de 3 de marzo, por la que se amplía a dieciséis semanas el permiso por maternidad y se establecen medidas para favorecer la igualdad de trato de la mujer en el trabajo, ni la Ley 39/1999, de 5 de

---

79   *Vid.* MUÑOZ RUIZ, M., ANTÓN FERNÁNDEZ, E., GARCÍA BUJARRABAL, D., «Bloque II: De la participación en el nuevo movimiento obrero a la lucha contra las discriminaciones directas: 1962-1993», *El feminismo de las centrales sindicales en España*, Instituto de las Mujeres, Madrid, 2023, pp. 56-57.

80   *Vid.* LOUSADA AROCHENA, J.F., «El marco normativo de la negociación colectiva de medidas de igualdad de mujeres y hombres», en VV.AA., *El principio de igualdad en la negociación colectiva*, LOUSADA AROCHENA, J.F. (Coord.), Ministerio de Trabajo e Inmigración, Madrid, 2008, pp.26-27.

noviembre, para promover la conciliación de la vida familiar y laboral de las personas trabajadoras que han sido los dos hitos normativos más importantes en materia de igualdad en el ámbito laboral desde la Constitución y antes de la LOIMH, contenían una sola norma en la materia de Derecho Colectivo del Trabajo.

No será, por tanto, hasta la Ley Orgánica 3/2007, de Igualdad Efectiva entre Mujeres y Hombre que se incluyan medidas específicas en materia de derecho colectivo. La LOIMH instaura un marco normativo especial para la negociación colectiva de medidas de igualdad entre mujeres y hombres diferenciado del marco normativo general para la negociación colectiva, regulando en su texto «los planes de igualdad de las empresas y otras medidas de promoción de la igualdad» (Capítulo III, Título IV), a la vez que incluye normas sobre el fomento de la igualdad (art.43) y planes de igualdad en el empleo público (art.64).

Además, un análisis del empleo feminizado evidencia otra realidad desconocida hasta ahora y que pone en evidencia las reclamaciones o la acción colectiva organizada de las mujeres. La categoría de género no siempre aparece como categoría única de discriminación, sino que en determinados sectores de empleo se superpone y se confunde con otras formas de discriminación: clase, raza, pobreza, proyectándose así el concepto de discriminación interseccional.

El concepto de interseccionalidad debe ser distinguido en, este punto, de la discriminación múltiple. El concepto de discriminación interseccional atiende a las relaciones de poder que se efectúan sobre ciertos sujetos que cuentan con varias categorías que les producen discriminación, que funcionan todas simultáneamente y no como un simple sumatorio. A partir de la existencia de dichas discriminaciones la situación de desventaja se ve agravada porque cada categoría afectada es una red de poder que ejerce su dominio sobre el cuerpo afectado.

La interseccionalidad genera sistemas de opresión en el que los grupos de personas oprimidas no son homogéneos. Al unirse diferentes categorías discriminatorias se produce un conjunto distinto de las anteriores, es decir, no se debe tratar cada categoría discriminatoria de forma aislada o, si no que se debe atender cada discriminación interseccional en su conjunto y obteniendo como resultado un producto discriminatorio único[81].

La evolución de nuestra legislación en materia de igualdad ha terminado por codificar ambos conceptos. Sin embargo, nuestro ordenamiento jurídico no siempre los

---

81   *Vid.* UBERO PANIAGUA, A.L., «Teoría crítica del Derecho: reconocimiento y derechos», *Tesis Doctoral,* Universidad de Oviedo, junio 2024, pp.349-350.

utiliza con el rigor debido y los confunde, en distintos planos. Así, en el preámbulo de la Ley 15/2022, de 12 de julio, integral para la igualdad de trato y la no discriminación, se hace alusión por primera vez en un cuerpo normativo a la discriminación interseccional. Se refiere a este modo de discriminación atendiendo a las recomendaciones provenientes de la Agencia de Derechos Fundamentales en su informe sobre derechos fundamentales del año 2019, que ha señalado «*diversos aspectos clave sobre los cuales los Estados miembros deben continuar intensificando sus esfuerzos con vistas a combatir cualquier forma de discriminación, como por ejemplo, la existencia de datos fiables sobre el fenómeno discriminatorio, la adopción de estrategias para combatir este fenómeno o la aprobación de legislaciones que afronten de manera efectiva la discriminación interseccional*».

Sin embargo, en el apartado III del propio preámbulo se alude a la discriminación múltiple como sinónimo de interseccional («*Esta ley contiene instrumentos para abordar las graves consecuencias que se dan cuando interaccionan en una misma persona dos o más motivos de discriminación, especialmente en las mujeres*»). En el articulado de la ley se distingue ente la discriminación múltiple y la interseccional (art.4: «*Se consideran vulneraciones de este derecho la discriminación, directa o indirecta, por asociación y por error, la discriminación múltiple o interseccional, la denegación de ajustes razonables, el acoso, la inducción, orden o instrucción de discriminar o de cometer una acción de intolerancia, las represalias o el incumplimiento de las medidas de acción positiva*»), incluyendo sendas definiciones en el artículo 6.3. a) «*Se produce discriminación múltiple cuando una persona es discriminada de manera simultánea o consecutiva por dos o más causas de las previstas en esta ley*» y b) «*Se produce discriminación interseccional cuando concurren o interactúan diversas causas de las previstas en esta ley, generando una forma específica de discriminación*»[82].

Si bien empieza a introducirse el marco conceptual en la legislación aún no ha permeado en las estructuras clásicas del derecho del trabajo, y menos en las colectivas, ni probablemente en el movimiento sindical. Este hecho probablemente explique por qué cuando la discriminación interseccional se concentra en un sector o colectivo determinado surjan modelos de autoorganización o defensa que discurren al margen de los sindicatos clásicos, cuyas estructuras y organización interna todavía no ha logrado superar viejas categorías (*vid.* Cap. III. 4).

---

82   *Vid.* REY MARTÍNEZ, F., «La discriminación múltiple, una realidad antigua, un concepto nuevo», *Revista Española de Derecho Constitucional*», nº 84, 2008, pp. 266-267

CAPITULO II:
GÉNERO Y REPRESENTACIÓN SINDICAL

1. EL PROCEDIMIENTO DE CODIFICACIÓN DE LA HEGEMONÍA MASCULINA: EL 'BLUE COLLAR' COMO IDEAL SINDICAL

La codificación de la visión parcial del concepto de trabajo que se ha relatado en el capítulo anterior tiene distintas proyecciones en el ámbito sindical. Una dimensión importante de esta es la manera en la que ha afectado a la construcción de las estructuras y organizaciones sindicales, tanto desde la perspectiva de la construcción de los liderazgos, como de la propia organización interna o de la burocracia sindical. Para entender bien esta dimensión, debe recordarse que la generalización del concepto parcial de trabajo supuso históricamente la generalización, como ideal social, del *homo economicus*, un sujeto independiente, sin necesidades del cuerpo, ni biológicas ni afectivas, que sólo mantienen relaciones a través del mercado. El *homo economicus* habita en un mundo público, aparentemente autónomo, ciego a la necesaria dependencia de las criaturas humanas, basado en la falsa premisa de libertad. Un mundo incorpóreo, sin necesidades que satisfacer; un mundo constituido por personas inagotables, siempre sanas, ni demasiado jóvenes ni demasiado viejas, auto liberadas de las tareas de cuidados[83].

El *homo economicus* es una construcción ciega a los sesgos de género, no distingue entre hombres y mujeres, pero se asocia a los valores masculinos que son los valorados socialmente, el trabajo productivo, y que dan lugar a la denominada división sexual del trabajo, aquel que se desarrolla en el espacio público y tiene valor económico y social, frente al que se desarrolla en los hogares, el '*trabajo reproductivo*', el de cuidados. En el trabajo asalariado 'cuerpo y estructura' se identifican social y legalmente con la imagen de varón, con la sexualidad masculina, con su relación con el trabajo productivo y su desconexión con la reproducción, en una palabra, con la masculinidad. Y ello ha sido

---

83   *Vid.* BOSCH, Anna, CARRASCO, Cristina, GRAU, Elena «La Ley de dependencia y el mito del *Homo economicus*», *Revista económica crítica*, nº 5, 2006, pp. 107-112.

así hasta el extremo de que el trabajo femenino, al menos de la mujer casada, estuvo, como se ha visto, vedado, o al menos limitado, durante muchos años.

Esta naturalización de la división sexual del trabajo colocó a las mujeres en el ámbito reproductivo y las invisibilizó[84]. Por lo tanto, la premisa de partida es que el trabajo tradicionalmente se ha corporizado en el varón, lo que se vincula, como se vio en el capítulo anterior, con la expulsión de las mujeres de los espacios públicos y del trabajo industrial asalariado y que se trasladó, inevitablemente, a la concepción de las incipientes organizaciones sindicales.

En el caso de los sindicatos esta vinculación es más intensa que en otras organizaciones —por ejemplo, partidos políticos u organizaciones o movimientos sociales ciudadanos— en la medida en que surgen y se conciben como las organizaciones para la defensa de los derechos de los trabajadores por lo que, por definición, su existencia se vincula a (re)presentar el trabajado asalariado. Por ello, es lógico que la imagen de masculinidad que se predica del mundo laboral permee en estas organizaciones y margine a las mujeres, contribuyendo a mantener la segregación de género tanto en sus estructuras y concepción interna, a la vez que proyectan o retroalimentan esa segregación sobre la realidad que representan, esto es el mercado laboral.

La división sexual del trabajo y la naturalización de una definición parcial del trabajo vinculada con el trabajo regulado y codificado ha conllevado que el sindicato como organización haya sido *«históricamente un territorio más transitado por hombres»* que otras organizaciones del ámbito público. De esta manera, en el imaginario social, en general, y en el de las organizaciones sindicales, en particular, el líder exitoso se asocia a valores masculinos, propios de ese trabajo industrial alrededor del cual se conceptualizó el termino trabajo: fuerza, agresividad y competitividad. Las características reconocidas como ideales para ejercer un liderazgo sindical coinciden con las características culturalmente aceptadas para los varones: seguridad, voluntad, poder de lucha, negociación cara a cara, confrontación y retórica.

Esto implica que el acceso de las mujeres a ese liderazgo significará probablemente la adopción de características 'masculinas', ya que la imagen simbólica de liderazgo exitoso está personalizada en un hombre blanco, trabajador de cuello azul y heterosexual, que es la representación tradicional del mundo del trabajo en el sentido clásico. Por todo ello, resulta fácil de entender que no hay lugar en la codificación de estas realidades aparentemente incorpóreas —que pretenden constituir organizaciones

---

84 *Vid.* RIGAT- PFLAUM, M., «Los sindicatos tienen género», *Fundación Friedrich Ebert,* Buenos Aire, pp.1.

neutrales— para otros procesos constituyentes 'con cuerpo', en el que se pueda poner en el centro del debate la reproducción humana o la libre expresión de las emociones. Sexualidad, procreación y emociones irrumpen e interrumpen la idea de funcionamiento de la organización, que trata de controlar tales interferencias. Y, por ello, el papel sindical femenino transgrede especialmente el rol socialmente construido y aceptado para las mujeres[85].

Y ello es así, porque los sindicatos son también organizaciones sexuadas. En las organizaciones sindicales se detectan claramente procesos que producen y reproducen estructuras con diferencias de género. Las mujeres que integran la estructura de la organización se ven confrontadas a múltiples tensiones producto de las características propias de la misma, que dificultan la aceptación de las diferencias entre varones y mujeres para el reconocimiento de la igualdad de condiciones.

En las organizaciones sindicales se reproduce inconscientemente la dicotomía entre esferas públicas y privadas sobre las que se asienta el contrato sexual (*vid.* Cap. I. 2). El tratamiento diferenciado de la esfera privada por parte de las organizaciones como algo separado y ajeno a ellas, sin tener en cuenta la vida de las personas que las conforman, niega una realidad más amplia y compleja, en la que solo tendrán cabida personas sin responsabilidades familiares y con características tradicional y estereotipadamente masculinas[86], una suerte de *homo economicus* sindical, un '*homo collegium*' identificado con el denominado 'blue collar'.

Los sindicatos, según este esquema teórico, presentarían desigualdades entendidas como «*disparidades sistemáticas entre los partícipes del poder y el control sobre las metas, recursos y resultados; las decisiones en el centro de trabajo, tales como de qué manera organizar el trabajo; las oportunidades de promoción y el trabajo atractivo/ interesante (…) respeto y placer en el trabajo y las relaciones de trabajo*»[87].

Así lo ha entendido también nuestra doctrina científica, que considera que «*el modelo clásico sobre el que se ha construido históricamente el sindicalismo ha sido el de trabajador varón, con contrato estable y a tiempo completo, regulado en base a un*

---

85   *Vid.* MERCADO, M.A., «Género y organización: Poder para realizar cambios», *Material de Capacitación nº 3, Taller de Sensibilización para el Fortalecimiento de la Dimensión de Género en la Agenda Sindical*, Trabajo GPE/OIT, 2003, http/ www.oit.org.pe/gpe/

86   *Vid.* BERMÚDEZ FIGUEROA, E., «Mujeres y Sindicalismo. La participación de las mujeres en el movimiento sindical en el marco de Jerez», *Tesis doctoral en acceso abierto*, pp. 25-34.

87   *Vid.* BERMÚDEZ FIGUEROA, E.; ROCA MARTÍNEZ, B., «Participación de mujeres en el movimiento sindical. Análisis desde la perspectiva de los recursos de poder», Sociología del Trabajo, núm. 95, 2019, pp. 55.

régimen jurídico común y que, además presta sus servicios en una empresa del sector industrial»[88], características a las podrían añadirse el ser un individuo carente de responsabilidades familiares *de facto*, que se presuponen cubiertas por alguna mujer de la familia en que el trabajador se integra (madre, esposa, o hijas)[89]. Este sujeto, concebido con estas características, era considerado tradicionalmente como el prototipo de la regulación tanto legal, como convencional, de las condiciones de trabajo.

La concentración del poder simbólico por parte de los hombres afecta a la distribución de poder posicional, produciendo procesos como el *'techo de cristal'*[90] o *'suelo pegajoso'*[91], fenómenos que mediatizan o condicionan de manera intensa las oportunidades de las mujeres para ser responsables sindicales. Y esto se debe a que el sindicato es una organización, como se verá en el epígrafe siguiente, que responde a unas dinámicas determinadas que permiten mal la conciliación con el trabajo reproductivo[92]. Estas dinámicas se manifiestan en la ausencia de mujeres en posiciones relevantes tanto dentro de la jerarquía interna de los sindicatos como en los órganos de representación en los lugares de trabajo, que como se verá posteriormente, se imbrican directamente con los tipos de representación que son ejercidos por ellos y ellas (Cap. II.3).

De esta manera, la presencia y participación de las mujeres en la actividad y representación sindical supone un desafío al modelo de sujeto sindical que es por definición y valoración androcéntrico. Se produce una doble deslegitimación de la mujer como sujeto sindical activo, por un lado, por la propia identidad que se ha construido de la mujer, y por otro, porque cuando la mujer encarna el papel de representante público supone una trasgresión de la idea históricamente concebida sobre los espacios de producción y reproducción de poder. Este proceso, en el campo sindical, ha confinado

---

88   *Vid.* ESCUDERO RODRÍGUEZ, R., «La negociación colectiva como pilar del Estado de bienestar y los cambios en el mundo del trabajo », *Gaceta Sindical. Monográfico sobre el sindicalismo del futuro*, Confederación Sindical de Comisiones Obreras, nº185, abril, 2000.

89   *Vid.* PÉREZ DEL RÍO, T. «Derechos sociales, laborales y sindicales y políticas de género», *Gaceta Sindical. Reflexiones y Debate. 25 años de sindicalismo. Sindicato y Sociedad*, Confederación Sindical de Comisiones Obreras, octubre, 2001, pp.85.

90   La expresión *'techo de cristal'* se utiliza para visibilizar el límite invisible que impide el crecimiento laboral o ascenso a las mujeres dentro de una empresa.

91   Con la expresión *'suelo pegajoso'* se alude a la realidad a través de la cual las mujeres sufren una serie de impedimentos que les impiden que se desarrolle en el mundo laboral o en la esfera de lo público.

92   *Vid.* ESTERMANN, V., «¿Contar sindicalistas o las sindicalistas cuentan? Discusiones sobre representación e igualdad de género en los sindicatos [Revisión del libro Syndiquées: defendre les intêrets des femmes au travail de Guillaume Cécile]», *Sociohistórica*, núm. 43, 2018, https://doi.org/10.24215/18521606e079.

a las personas que no encarnan los valores e imágenes legitimadas hegemónicamente, a todas aquellas personas que no se encarnen con el ideal del blue collar o el 'homo collegium', a los márgenes de los mecanismos de representación[93].

Otra problemática es la legitimidad precaria que poseen como mujeres, que conlleva que en ocasiones se cuestione su validez para el puesto, su capacidad, o su idoneidad. Ideas que se entremezclan, con que el buen desarrollo de los puestos de decisión requiere aprender competencias técnicas y de manejo de personas que se adquieren por práctica, a medida que se va ascendiendo en la organización, puestos a los que no siempre tienen acceso. Las mujeres se ven enclaustradas muchas veces en ciertos cargos como la puesta en marcha de la política de igualdad, y se le dificulta el recorrido típico que permite esta acumulación de recursos[94].

Quizás esto explique, al menos en parte, por qué los liderazgos femeninos sindicales han sido históricamente escasos y cuando han existido se han denominado 'mujeres símbolo'. Estos liderazgos escasos y aislados permiten romper los mitos sobre la incapacidad de las mujeres en escasa medida y significan normalmente la asimilación de las mujeres a la cultura organizacional imperante más que la posibilidad de introducir transformaciones[95].

Uno de los mayores problemas para abordar estas desigualdades es que estas se codificaron en normas, lo que supone la despolitización del Derecho como estrategia masculina de hegemonía, porque en la exclusión femenina de la esfera de lo público, hay una construcción ideológica. En otras palabras, el discurso legal que se presenta como neutro, encubre un punto de vista e invisibiliza muchas otras miradas[96]. En efecto, el concepto de la diferencia entre los sexos ontológicamente constituye a las

---

93 *Vid.* RODRÍGUEZ, T. J. y CUÉLLAR CAMARENA, M.A., «Exclusiones sindicales femeninas: La profundización de las desigualdades de género en el mundo laboral y los espacios de poder gremial», *Derecho y Ciencias Sociales*, núm. 20, 2019, pp. 33-47.

94 *Vid.* ESTERMANN, V., «¿Contar sindicalistas o las sindicalistas cuentan? Discusiones sobre representación e igualdad de género en los sindicatos [Revisión del libro Syndiquées: defendre les intêrts des femmes au travail de Guillaume Cécile]», *Sociohistórica*, núm. 43, 2018, https://doi.org/10.24215/18521606e079.

95 *Vid.* OSBORNE, Raquel, «Desigualdad y relaciones de género en las organizaciones: diferencias numéricas, acción positiva y paridad», *Política y Sociedad*, vol.42., 2005, pp.163-180.

96 *Vid.* RODRÍGUEZ, T. J. y CUÉLLAR CAMARENA, M.A., «Exclusiones sindicales femeninas: La profundización de las desigualdades de género en el mundo laboral y los espacios de poder gremial», *Derecho y Ciencias Sociales*, núm. 20, 2019, pp. 33-47.

mujeres como diferentes "otras"; sin embargo, la función de la diferencia es enmascarar en todo nivel los conflictos de intereses, incluidos los ideológicos[97].

Esto conlleva que las desigualdades en el mundo sindical estén codificadas tanto en el ADN de las propias organizaciones, pero también en las normas legales y convencionales. Así, se verá en los siguientes capítulos como estructuras clásicas del derecho sindical español (concepto de representatividad, audiencia electoral, contenido de la negociación colectiva) han podido invisibilizar desigualdades estructurales bajo la apariencia de neutralidad (*vid.* Cap. III).

Por ello, la doctrina científica ha puesto de manifiesto que es necesario un cambio de planteamiento respecto de todas las estructuras clásicas del Derecho Sindical[98]. Los sindicatos no solo deben adaptarse a las nuevas realidades que integran el mercado de trabajo en la actualidad, sino que deben hacerlo desde una concepción amplia e integradora de la perspectiva de género. En efecto, la clase trabajadora ya no es un sujeto homogéneo, que comparte idénticos intereses que sus iguales, sino que, como grupo, es titular de derechos que traspasan la dimensión individual y se imponen a ella, pero su diversificación y pluralidad dificulta que las antiguas estructuras reguladas bajo una lógica binaria —de quien ostenta los medios de producción y quienes venden la fuerza de trabajo— pueda dar respuestas ajustadas a toda la nueva variedad de formas de producción[99]. Y esto tiene mucho que ver, por un lado, con la incorporación masiva de las mujeres al mercado de trabajo en la década de los 70 y 80[100], pero también con la aparición de las formas de trabajo '*atípico*', que superan la definición clásica de trabajo, y que en muchos casos son sectores feminizados. Esta nueva realidad obliga al sindicalismo a romper con los estereotipos basados en una cultura y unas actitudes construidas claramente a la imagen y semejanza del hombre trabajador, y que para nada responden a las necesidades y reivindicaciones de las mujeres trabajadoras.

---

97 *Vid.* WITTIG, M., «La mente hetero», *discurso leído por la autora en Nueva York durante el Congreso Internacional sobre el lenguaje moderno en 1978*, traducción de SARDÁ, A. 2008, Recuperado de: www.lesbianasalavista.com.ar/lamentehetero.html.

98 *Vid.* ESCUDERO RODRÍGUEZ, R., «La negociación colectiva como pilar del Estado de bienestar y los cambios en el mundo del trabajo», *Gaceta Sindical. Monográfico sobre el sindicalismo del futuro*, Confederación Sindical de Comisiones Obreras, nº185, abril, 2000, pp. 94-107.

99 *Vid.* GARCÍA AMADO, J.A., «El individuo y los grupos en el derecho laboral. Los dilemas del vínculo social», Cuadernos Electrónicos Filosofía del Derecho. núm. 2, 1999.

100 *Vid.* PÉREZ DEL RÍO, T. «Derechos sociales, laborales y sindicales y políticas de género», *Gaceta Sindical. Reflexiones y Debate. 25 años de sindicalismo. Sindicato y Sociedad*, Confederación Sindical de Comisiones Obreras, octubre, 2001, pp.85.

2. LA EVOLUCIÓN DE LOS REGÍMENES DE DESIGUALDAD: DE LA ESTRUCTURA DE PODER A LOS CUERPOS

Como se ha puesto de manifiesto en epígrafes precedentes, la codificación y regulación del trabajo asalariado se sustentó sobre la idea de un sujeto universal de aparente neutralidad. La institucionalización del Derecho del Trabajo supuso la cristalización en las leyes y en los imaginarios culturales de una definición sesgada de trabajo vinculada a los obreros industriales, lo que conllevó la exclusión de las mujeres por una doble vía, por un lado, como sujetos activos del trabajo industrial y, por otro, a través de la exclusión de la definición de trabajo de los sectores feminizados (cuidados, campo…) de la legislación, la representación laboral y la participación en espacios de toma de decisiones.

Los Estados de Sociales se caracterizan por el respeto y promoción de los derechos humanos, de modo que de manera natural deben garantizar el acceso efectivo de las mujeres a participar de la gestión del poder en la sociedad; esto incluye, las esferas institucionales que cristalizan en formas y circuitos de construcción y reproducción de poder[101]. Sin embargo, el reconocimiento formal de la igualdad y de los derechos y libertades fundamentales no es suficiente si las estructuras sociales, económicas y de poder no se modifican de forma coherente, porque el reconocimiento formal de un derecho o libertad no siempre supone o permite su ejercicio pleno. De este modo, también en los Estados sociales se producen exclusiones en el mercado de trabajo, en el ámbito público, en la participación política, en la autonomía y el derecho a decidir sobre los cuerpos y en las tareas de cuidados. Se pone así de manifiesto que en la codificación de las leyes y las instituciones modernas existe una exclusión basada en el sexo que permite identificar las asimetrías que producen y reproducen las estructuras de poder que construyen relaciones de jerarquía y asignan distintos valores, lugares y capacidades a mujeres y varones[102].

En las relaciones laborales deben analizarse las consecuencias que esa exclusión basada en el sexo supone, ya no solo la regulación de las condiciones laborales y de vida, sino también en el eventual ejercicio de poder y en la construcción y codificación de las organizaciones que concentran ese poder. Resulta obvio que en este extremo es fundamental analizar el papel de los sindicatos, y si son estructuras que refuerzan la

---

101 *Vid.* RODRÍGUEZ, T. J. y CUÉLLAR CAMARENA, M.A., «Exclusiones sindicales femeninas: La profundización de las desigualdades de género en el mundo laboral y los espacios de poder gremial», *Derecho y Ciencias Sociales*, núm. 20, 2019, pp. 34-37.

102 *Vid.* PAUTASSI, L.C. «La igualdad en espera: el enfoque de género», *Lecciones y ensayos*, nº 89, pp. 279-298.

socialización de los roles femeninos tradicionales. Dicho de otra manera, se trata de analizar en qué medida los sindicatos, como parte de la estructura social, perpetúan roles de género en el ejercicio del poder, y para ello, debe identificarse correctamente los sesgos que pueden existir en su composición y funcionamiento como paso previo para determinar en qué medida y cómo puede corregirse esa circunstancia.

Para analizar criticamente este fenómeno es necesario partir de una concepción de los sindicatos como organizaciones con género u organizaciones sexuadas. Este análisis se ha hecho tradicionalmente desde tres enfoques teóricos: el primero de ellos, estrechamente vinculado con el desarrollo weberiano de burocracia, señala que las organizaciones burocráticas son inherentemente sexuadas o con género, es decir, que han sido definidas y estructuradas en términos de la distinción entre masculinidad y feminidad.

Esta concepción propone como solución nuevas formas de organización no burocráticas, pero no da respuesta a las estructuras sindicales que hoy conocemos, ni tampoco da respuesta a otros problemas que, como se verá más adelante, este tipo de organización plantearía, como la falta de representatividad, legitimación para negociar e incluso, legitimación para plantear conflictos colectivos (*vid.* Cap. III.4). Otro de los enfoques es aquel que incluye a las teorías vinculadas con la segmentación del mercado laboral[103] en tanto la idea de organización sexuada ha sido vinculada con el predominio de varones o mujeres en determinado sector de ocupación. Este enfoque probablemente se quede en la superficie del problema y se limite a una (re) interpretación de la representación estadística —que se analizará en el siguiente epígrafe—, pero no da soluciones a la raíz real del problema. El tercer enfoque considera que las ocupaciones u organizaciones tienen un género, en el sentido de que se describen y conciben simbólica e ideológicamente en términos de un discurso que se basa en masculinidades y feminidades definidas hegemónicamente[104].

La relevancia de este último análisis radica en que posibilita pensar a las organizaciones como productoras y reproductoras de desigualdades de género[105], lo que necesariamente obliga a revisitar la literatura sobre teoría organizacional[106]. Las categorías,

---

103 *Vid.* ANKER, R., «La segregación profesional entre hombres y mujeres: Repaso de las teorías», *Revista Internacional del Trabajo*, 1997.

104 *Vid.* BRITTON, D. M., «The epistemology of the gendered organization», *Gender y Society*, 2000.

105 *Vid.* ACKER, J., «Gender and Organizations», *Handbook of the Sociology of Gender*, Springer, Houston, 2006

106 *Vid.* REED, M., «Organizational Theorizing: a Historically Contested Terrain», en VV.AA., CLEG, S. y HARDY, C. (Edits.), *Studying organization. Theory and Method*, SAGE Publications, 1999, pp. 25-50.

conceptos y teorías que se utilizaron tradicionalmente en el análisis organizacional no permitían reconocer que las estructuras y los procesos están permeados por relaciones de género, raciales y étnicas. La no consideración de estas variables en la literatura clásica sobre los sindicatos conllevó que estos se concibieran como organizaciones neutrales en términos de género, a partir de considerar la conducta de los varones como universal.

Por ello, para una correcta identificación de las causas es necesario abordar, o al menos enunciar, la teoría de la interseccionalidad, que pone el acento en el modo en que diferentes categorías sociales como el género, la raza, la etnicidad o la clase están interconectadas. Y, en cierto modo, visibilizar estas variables ayuda a sistematizar el estudio de las diferencias de género en el acceso y control del poder en el trabajo, en las organizaciones y en los sindicatos, prestando así más atención a la conexión entre las subjetividades y estructuras de poder más amplias[107].

Con la teoría de la interseccionalidad se establece el correlato entre la estructura patriarcal de la sociedad, el capitalismo y su funcionamiento, a través de la permeabilidad a las estructuras organizacionales tanto públicas como privadas, y la conexión última con los cuerpos de hombres y mujeres[108]. Los regímenes de desigualdad se pueden definir como «*las practicas, procesos, acciones y significados generalmente interrelacionados que resultan en, y mantienen, las desigualdades de clase, género y etnia dentro de las organizaciones*» y define como desigualdad en las organizaciones las «*disparidades sistemáticas entre los partícipes del poder y el control sobre las metas, recursos y resultados*»[109].

Siguiendo la teoría de la interseccionalidad los regímenes de desigualad se conforman por seis elementos: las bases de la desigualdad; la forma y grado de desigualdad; los procesos organizativos que crean y reproducen la desigualdad; la invisibilidad de las desigualdades; la legitimidad de la desigualdad; y los controles que previenen la protesta contra la desigualdad. Es pertinente hacer referencia específica a la forma y el grado de desigualdad, y a la legitimidad en la que se sustentan, para enfrentar el análisis en las organizaciones sindicales. La forma y grado de desigualdad dependen en gran medida de los grados de jerarquía y de las decisiones colectivas. En

---

107 *Vid.* BERMÚDEZ FIGUERO, A.E.; ROCA MARTÍNEZ, B., «Participación de mujeres en el movimiento sindical. Análisis desde la perspectiva de los recursos de poder», Sociología del Trabajo, núm. 95, 2019, pp. 55.

108 *Vid.* BERMÚDEZ FIGUEROA, E., «Mujeres y Sindicalismo. La participación de las mujeres en el movimiento sindical en el marco de Jerez», *Tesis doctoral en acceso abierto*, 2019, pp. 32.

109 *Vid.* ACKER, J., «Gender and Organizations», *Handbook of the Sociology of Gender*, Springer, Houston, 2006, pp. 443.

las organizaciones, las posiciones jerárquicas más altas suelen estar ocupadas por hombres blancos.

En esta teoría se produce un distanciamiento de las posiciones psicologicistas e individualistas que ponen énfasis en las aptitudes y capacidades personales como generadoras de las posiciones jerárquicas y horizontales de hombres y mujeres en las organizaciones. Por contra, se enfatiza el impacto de los modelos masculinos imperantes de participación en las organizaciones sindicales. La desigualdad se legitima a través de argumentos que naturalizan la división sexual del trabajo y la sobrevaloración de las características tradicionalmente atribuidas a lo masculino, percibidas por las organizaciones, y auto-percibidas por sus integrantes hombres y mujeres, como válidas y apropiadas para el cumplimiento de sus fines[110].

En este contexto, cabe recordar que el género se concibe al menos en dos dimensiones. La primera como un proceso de constitución de identidades individuales a partir de la diferencia sexual, que desarrolla sujetos sexuados que se inscriben en la sociedad. La segunda dimensión explica el género como un fenómeno relacional que se genera y reproduce entre sujetos constituidos socialmente en contextos específicos[111]. La intersección de ambas dimensiones explica por qué las relaciones de género están en la base de las estructuras sociales y son relaciones de poder. Ello lleva a que muchos aspectos de la identidad de género individual, especialmente de la masculina, aunque no exclusivamente, sean producto de los procesos y las presiones que ocurren en la organización[112].

La riqueza de esta perspectiva radica entre otros factores, en la capacidad de relación de la estructura social genérica de la sociedad patriarcal con las prácticas particulares y las interpretaciones personales imbricadas en el seno de las organizaciones sindicales; su percepción y asunción en lo personal e incluso materializándose en los cuerpos. Así, las estructuras, procesos y políticas de una organización, también las sindicales, se definen tradicionalmente como neutrales. Sin embargo, los procesos de construcción de las organizaciones que se revisten de una supuesta o aparente neutralidad universal no son tal, y en realidad lo que se produce es una adopción y naturalización de los comportamientos y perspectivas masculinas como los propios

---

110 *Vid.* BERMÚDEZ FIGUEROA, E.; Roca Martínez, B., «Participación de mujeres en el movimiento sindical. Análisis desde la perspectiva de los recursos de poder», Sociología del Trabajo, núm. 95, 2019, pp. 53-72.

111 *Vid.* SCOTT, J.W., «Gender: A Useful Category of Historical Analysis», *The American Historical Review*, vol. 91, no. 5, 1986, pp. 1053–75.

112 *Vid.* RIGAT- PFLAUM, M., «Los sindicatos tienen género», *Fundación Friedrich Ebert*, Buenos Aires, pp.2.

de la organización, que se definen entonces como neutrales y son aceptados como patrones universales, tanto en el concepto de trabajo, como de cuerpo y sexualidad, que se interrelacionan en la creación de las estructuras y jerarquías dentro de la propia organización sindical.

Por tanto, la desigualdad se legitima a través de argumentos que naturalizan la división sexual del trabajo y la sobrevaloración de las características tradicionalmente atribuidas a lo masculino[113]. Esta idea, inevitablemente, se vincula con el concepto tradicional y parcial de trabajo, que considera trabajo solo al trabajo remunerado que se desarrolla en el mercado productivo[114]. La reproducción de roles sexualizados (jerarquizados, binarios, dicotómicos) en las prácticas cotidianas de los sindicatos tiene impacto en la distribución de espacios, cargos y modos de ejercicio del poder. En este sentido, las formas que adopta el ejercicio de poder sindical reproducen roles sexualizados —diferentes y jerarquizados— de varones y mujeres en la sociedad[115], siendo el mayor nudo el desequilibrio en la participación en cargos de decisión[116].

Es preciso, por tanto, poner en relación la estructura general de la sociedad patriarcal con las prácticas particulares y las interpretaciones personales imbricadas en el seno de las organizaciones sindicales. La falta de un análisis con esta perspectiva sobre el funcionamiento de las organizaciones conlleva que se perpetúen las diferencias entre las mujeres y los hombres en el seno de la organización. Así, se mantiene la segregación de género, reproduciendo a través de sus prácticas organizacionales la división social entre trabajo asalariado y no asalariado, lo que fomenta que el trabajo de las mujeres ya sea militante u orgánico, se ubique muchas veces en categorías que representan la continuidad de sus roles tradicionales del ámbito privado.

De esta manera, «*el trabajador abstracto es un hombre, y es el cuerpo del hombre, su sexualidad, su responsabilidad mínima en la procreación, y el control tradicional de las emociones el que prevalece en el trabajo y en los procesos organizacionales. Los cuerpos de las mujeres y su sexualidad, su capacidad de procrear y su embarazo y lactancia,*

---

113 *Vid.* BERMÚDEZ FIGUEROA, E.; Roca Martínez, B., «Participación de mujeres en el movimiento sindical. Análisis desde la perspectiva de los recursos de poder», Sociología del Trabajo, núm. 95, 2019, pp. 53-72.

114 *Vid.* DE BARBIERI, T., *Mujeres y vida cotidiana*, Fondo de Cultura Económica, México, 1984.

115 *Vid.* GODINHO DELGADO, D, *Sindicalismo latinoamericano y política de género*, Friedrich-Ebert-Stiftung, Uruguay, 2009.

116 *Vid.* RODRÍGUEZ, T. J. y CUÉLLAR CAMARENA, M.A., «Exclusiones sindicales femeninas: La profundización de las desigualdades de género en el mundo laboral y los espacios de poder gremial», *Derecho y Ciencias Sociales*, núm. 20, 2019, pp. 34-37.

el cuidado de los hijos, su menstruación y la mítica emocionalidad, son sospechosos, estigmatizados y utilizados como bases para el control y la exclusión»[117].

Resulta evidente que en este campo subsisten desigualdades que pueden estar condicionadas por diversos factores, si bien es cierto que cuestiones como la falta de igualdad de oportunidades en la promoción profesional o las dificultades para conciliar la vida laboral con la personal y familiar afectan tanto a hombres como a mujeres, no lo es menos que tanto la cultura organizativa de las empresas como los valores imperantes en la sociedad suponen una penalización mayor en el caso de las mujeres. Principalmente por tres cuestiones: en primer lugar, para incidir más en el sindicato, de manera que hombres y mujeres cuestionen por igual los modelos organizativos imperantes, las jornadas laborales interminables y la distribución irracional del tiempo de trabajo. En segundo lugar, para que no se queden en el ámbito privado temas como la doble jornada laboral o la responsabilidad en el cuidado de la familia. Y, por último, para dirigir el sindicato en igualdad de condiciones que los hombres, participando en la toma de decisiones que les afectan como trabajadoras[118].

La división sexual del trabajo se erige, así como un rasgo característico del trabajo sindical y concluye que la continuidad de la subordinación material y cultural de las mujeres en el plano doméstico y laboral impide el acceso de estas a puestos de decisión[119]. Si bien existe una ruptura con la histórica situación de exclusión, permanece una continuidad en su identidad en torno al rol maternal, que se refleja en el papel de cuidadoras y resolutoras de problemas, incluso de aquellos que son de índole familiar. Así, el trabajo dirigencial cuando es ejercido por ellas es significado como una ampliación de la maternidad, pero se constituye en objeto de poder en tanto la maternidad provoca respeto, afecto, confianza y gratitud de las personas representadas. Esta "familiarización" del trabajo sindical es observable también en el uso de apelativos familiares (hija, hermana menor) para con las mujeres sindicalistas, lo que las ubica en una situación de inferioridad respecto de los varones que ejercen el rol de protección (padres, hermanos mayores...)[120].

---

117 *Vid.* ACKER, J., «Hierarchies, jobs, bodies: A theory of gendered organizations», Gender y Society, 1990, pp.152

118 *Vid.* ARRIAGA, P. «Informe: Las elecciones sindicales y las trabajadoras. Decisivas y decididas», *Revista Trabajadora. CCOO*, n°22, 2006, pp.19.

119 *Vid.* CORTINA, R., «Trabajo, familia y participación sindical de las maestras mexicanas», *Revista de la Educación Superior ANUIES*, 1987.

120 *Vid.* ANGELCOS, N., «Disposiciones y resistencias a la participación sindical en mujeres de la Gran Minería del Cobre en Chile», *Documento de Trabajo N°21, Instituto de Investigación en Ciencias Sociales de la Universidad Diego Portales*, 2015.

Para implementar la perspectiva de género en las organizaciones sindicales es necesario analizar y deconstruir, por un lado, los roles estereotipados de género y, por otro, la división sexual del trabajo, superando la definición legal y parcial de trabajo asalariado y la concepción corporizada del trabajo, subsumida en el ideal masculino. De esta raíz común nacen las dos grandes barreras identificadas e íntimamente imbricadas que obstaculizan la participación plena de las mujeres en las organizaciones sindicales: la falta de conciliación de la vida familiar, laboral y sindical (que se relaciona directamente con la menor participación de las mujeres y el techo de cristal en las organizaciones sindicales), y la imagen universal del sindicalista varón[121].

En efecto, la falta de conciliación tiene una gran relación con la primera variable, ya que como antes se expuso, conceptualizar el liderazgo como algo incorpóreo, favorece que sea ejercido por quien no tiene, o no se responsabiliza, del trabajo reproductivo y, por tanto, es ajeno al reparto de cuidados, que obstaculiza el ejercicio del liderazgo de quien sí lo asume. Por ello, para conciliar el trabajo sindical y el trabajo reproductivo es preciso aquí realizar e implementar la distinción entre las categorías de conciliación y articulación de la vida familiar y laboral (o, en este caso, sindical), como se expuso en el primer capítulo (Cap.I.4).

La segunda variable, sobre quién y cómo se ejerce el liderazgo, se relaciona con las dificultades que las mujeres encuentran en las organizaciones sindicales al acceso al poder simbólico. El poder simbólico se relaciona con la capacidad de imponer los propios significados, valores y reglas, otorgándole así a la propia experiencia un valor superior[122]. El ejercicio del poder simbólico implica el control de la determinación de los significados, incluyendo las formas de comunicación, tales como el control de los debates o charlas en las reuniones. Esto puede traducirse no solo en la monopolización por parte de los hombres de la palabra, si no, además, en la gestión de los tiempos de las propias reuniones y las dinámicas que se siguen. El poder simbólico derivado de la construcción masculinizada de la actividad y la organización sindical está vinculado con la ausencia de poder posicional de las mujeres. La competitividad por los puestos de responsabilidad tiende a desmotivar a las mujeres, por producirse dentro de unas coordenadas masculinas[123].

---

121 *Vid.* BERMÚDEZ FIGUEROA, E.; ROCA MARTÍNEZ, B., «Participación de mujeres en el movimiento sindical. Análisis desde la perspectiva de los recursos de poder», *Sociología del Trabajo*, núm. 95, 2019, pp. 53-72.

122 *Vid.* WRIGHT, E.O, ROGERS, J., «American society: How it really works», *W. W. Norton & Company*, New York, 2011, pp.352.

123 *Vid.* BERMÚDEZ FIGUEROA, E.; ROCA MARTÍNEZ, B., «Participación de mujeres en el movimiento sindical. Análisis desde la perspectiva de los recursos de poder», *Sociología del Trabajo*, núm. 95, 2019, pp. 53-72.

3. LA REPRESENTACIÓN ESTADÍSTICA VS LA REPRESENTACIÓN SUSTANTIVA

Uno de los grandes retos a los que se enfrenta el sindicalismo en la actualidad es la manera en qué puede corregir las desigualdades de género que aún subsisten en sus estructuras y acción. Sin embargo, en el ámbito del español no es fácil encontrar literatura académica sobre mujeres y sindicalismo en la actualidad[124]. En algunos casos, pueden encontrarse referencias de informes técnicos de los sindicatos mayoritarios a nivel estatal[125] o centrados en determinadas ocupaciones o industrias, como las 'kellys' o camareras de piso[126] y las auxiliares de ayuda a domicilio[127]. La ausencia de estudios sobre esta realidad es, ante todo, una prueba de que sigue existiendo una gran brecha en la representación y participación de las mujeres en las organizaciones sindicales a pesar de esfuerzos institucionales e intentos de los propios sindicatos de desarrollar políticas más inclusivas[128].

En este contexto, es probable que la primera pregunta que se deba responder es si para avanzar en igualdad en el interior del sindicato solo es necesario tener más mujeres en puestos de decisión (la denominada representación estadística) o si también es necesario desarrollar medidas que hagan la diferencia (representación descriptiva o sustantiva)[129]. Circunscribir el problema de la desigualdad de género dentro de las organizaciones sindicales a un problema de mera representación estadística es probable que se vincule con los análisis más clásicos de la presencia o participación femenina aportados por la 'teoría de la masa crítica'[130].

---

124 *Vid.* LÓPEZ HERNÁNDEZ, M. T., «Participación y representación sindical femenina en Comisiones Obreras (1970-1982)», *Cuestiones de Género: De La Igualdad y La Diferencia*, nº 121, 2009.

125 *Vid.* «Informe Comisiones Obreras: La representación sindical en España», Fundación 1 de Mayo, Madrid, 2015.

126 *Vid.* INVASSAT, «Campaña "Camareras de piso" 2017-2018», INVASSAT, Valencia, 2018.

127 *Vid.* FRANCO REBOLLAR, P.; RUIZ, B., «El trabajo de ayuda a domicilio en España», UGT, Madrid, 2018, https://www.ugt.es/sites/default/files/el_trabajo_de_ayuda_a_domicilio_ugt_fesp_sep_2018_def_0.pdf

128 *Vid.* BERMÚDEZ FIGUEROA, E.; ROCA MARTÍNEZ, B., «Participación de mujeres en el movimiento sindical. Análisis desde la perspectiva de los recursos de poder», *Sociología del Trabajo*, núm. 95, 2019, pp. 53-72.

129 *Vid.* GUILLAUME, C., *Syndiquées: defendre les intérêts des femmes au travail*, Les Presses de Sciences Po, 2018.

130 *Vid.* KANTER, R.M., *Men and Women of the Corporation*, Basic Books, New York, 1977.

La citada teoría se ha utilizado tradicionalmente en el ámbito de la empresa para sostener que cuando las organizaciones dejaran de estar uniformemente compuestas por un grupo social y se diera el paso hacia una composición más equilibrada entre sus miembros, podría darse un cambio en la cultura política, normas y modos de funcionamiento de esa organización. Esto es, desde 'grupos uniformes' en donde solo hay un grupo social significativo y su cultura domina la organización a 'grupos sesgados' donde una minoría es controlada por el grupo dominante o grupos inclinados donde la minoría llega a ser suficientemente fuerte como para comenzar a ejercer influencia sobre la cultura del grupo y finalmente los grupos equilibrados donde la cultura de la organización e interacción entre sus miembros reflejaría la naturaleza equilibrada del grupo.

Aplicado al ámbito de la política vendría a sugerir que cuando los grupos tradicionalmente infra representados, en este caso, las mujeres, alcanzasen una masa crítica el comportamiento político de las instituciones y la política se feminizarían[131]. En definitiva, si esto fuera así, bastaría con que aumentase el nivel de presencia de actores tradicionalmente excluidos de tales organizaciones para que se viera modificada la lógica de interacción entre sus miembros y, por ende, el modo de funcionamiento de las instituciones de las que dichos actores forman parte. Parecería entonces estar subyaciendo la idea de que las mujeres cuando son un grupo minoritario desarrollan estrategias en las que son minorías y que los llevan a modificar sus intereses y modos de acción propios[132].

El concepto de representación política está compuesto fundamentalmente por dos dimensiones. La primera conocida como la dimensión descriptiva de la representación política, en entendida como el grado en el que las instituciones de representación reflejan las principales características de la población de la que proceden, en el supuesto analizado el sexo, la segunda se conoce como dimensión sustantiva. Se refiere esta al ejercicio efectivo de la representación, esto es, la medida en la que los representantes *«logran hacer presentes en los órganos de representación los intereses de los representados de una manera responsable hacían estos»*[133].

---

131 *Vid.* STUDLAR MCALLISTER, «Does a critical mass exist? A comparative analysis of women's legislative representation since 1950», *European Journal of Political Research*, junio 2002.

132 *Vid.* PASTOR YUSTE, R. «La dimensión sustantiva de la representación política de la mujer: delimitación conceptual y factores explicativos (I)», *Revista de las Cortes Generales*, nº 81, 2010, pp.53.

133 *Vid.* PITKIN, H.F., *The concept of representation*, University of California Press, Berkely, 1967, pp.100.

Así, la representación sustantiva parece atender a lo que podríamos definir como el factor dinámico de la representación, o si se prefiere, a la 'acción representativa' propiamente dicha[134]. Si bien los análisis críticos desde los estudios de género se han centrado mayoritariamente en la representación política, en sentido estricto, las conclusiones alcanzadas resultan esclarecedoras para entender también la representatividad sindical y hacer una relectura de esta en clave de género.

Así, hay tres rasgos en los que se puede centrar el análisis de la acción representativa o de la dimensión sustantiva de la representatividad: Primero, la «*visión representacional*», que se centra en la manera en la que los representantes se consideran a sí mismos respecto del grupo que representan. Los estudios ponen de manifiesto que ellos se perciben a sí mismos como 'representantes de la nación' (que en el ámbito del sindicalismo bien podía ser sustituido por 'representantes de la clase trabajadora') mientras que ella se autoperciben como representantes del colectivo femenino, considerando incluso a las mujeres como un grupo diferenciado con intereses políticos, y sindicales, particulares.

Segundo, el «*estilo de la representación*» que distingue entre dos conceptos de representación: el '*trustee* versus *delegate representation*'. El primero de ellos estaría más vinculado a una concepción de la representatividad vinculado a la confianza, en el que el actor se vería a sí mismo como libre para seguir las directrices de su propia conciencia. Sin embargo, el segundo de ellos se vincula a una idea de representatividad por delegación, que supondría actuar siguiendo las instrucciones del grupo al que representa.

Y tercero, quedaría la dimensión de las preferencias de los representantes en cuanto a los temas o asuntos objeto de la representación. Esta vertiente no se centra en las actitudes u orientaciones del representante, por lo tanto, se supera la percepción del rol representacional, para centrarse en qué medida las prioridades o propuestas se centran en un grupo específico, sus demandas o intereses. Se puede decir pues, que esta última dimensión se estudia a través de la adecuación de la agenda y del grado de congruencia de esta respecto de determinados grupos o colectivos[135].

---

134 *Vid.* PASTOR YUSTE, R. «La dimensión sustantiva de la representación política de la mujer: delimitación conceptual y factores explicativos (I)», *Revista de las Cortes Generales*, nº 81, 2010, pp. 42.

135 *Vid.* PASTOR YUSTE, R. «La dimensión sustantiva de la representación política de la mujer: delimitación conceptual y factores explicativos (I)», *Revista de las Cortes Generales*, nº 81, 2010, pp. 44-47.

Si trasladamos la teoría a la práctica sindical se pueden ver replicados algunos de los patrones ahora expuestos. Así, un informe sobre representación sindical en España[136] ha puesto de manifiesto que la vieja industria, caracterizada por sus empleos fijos y a tiempo completo, ha tenido un importante descenso por razón de la desindustrialización, siendo este uno de los sectores en lo que se concentraba el perfil de trabajador sindicado. Sin embargo, el peso de la afiliación y de la representación sigue recayendo sobre los trabajos estables y cualificados, porque las personas paradas y precarias tienen más dificultades de permanecer en el sindicato, o de ser integrados en uno u otro tipo de estructuras de representación. La pérdida de peso del sector industrial ha dejado avances en la sindicación de las mujeres, que en peso de afiliación han rellenado poco a poco el hueco dejado por los hombres de la industria. Sin embargo, el aumento de la afiliación no ha conllevado un acceso proporcional a la incorporación efectiva de las organizaciones, ya que se aprecia que la participación sigue siendo más elevada allí donde la afiliación al sindicato es mayoritariamente masculina[137], lo que pone en entredicho la premisa de partida de la teoría de la masa crítica enunciada con anterioridad.

El acceso de las mujeres a la organización sindical y su reconocimiento en esta está fuertemente condicionado por la ubicación de las mujeres en el segmento del mercado laboral que la organización sindicaliza. Sin embargo, ramas con fuerte presencia de trabajo femenino no garantizan directivas con una representación equivalente de mujeres. Esto indica que la organización tiene sus propias reglas que reproducen el comportamiento social del sistema de género. Los procesos de toma de decisiones, la ubicación de las mujeres en los espacios (físicos y dentro de la estructura de la organización) y la construcción del discurso sindical hacen que la organización sindical sea poco atractiva para las mujeres[138]. En los sindicatos se reproducen espacios de socialización informal donde prima la ayuda entre varones y las mujeres quedan en desventaja[139].

---

136 *Vid.* ALOS, R.; BENEYTO, P.J.; JODAR, P., MOLINA, O.; VIDAL, S., «La representación sindical en España», *Informe de la Fundación Primero de Mayo*, Madrid, 2015, pp.28.

137 *Vid.* ALOS, R.; BENEYTO, P.J.; JODAR, P., MOLINA, O.; VIDAL, S., «La representación sindical en España», *Informe de la Fundación Primero de Mayo*, Madrid, 2015, pp.108.

138 *Vid.* RIGAT- PFLAUM, M., «Los sindicatos tienen género», *Fundación Friedrich Ebert*, Buenos Aire, pp.4.

139 *Vid.* ESTERMANN, V., «¿Contar sindicalistas o las sindicalistas cuentan? Discusiones sobre representación e igualdad de género en los sindicatos [Revisión del libro Syndiquées: defendre les intérêts des femmes au travail de Guillaume Cécile]», *Sociohistórica*, núm. 43, 2018, https://doi.org/10.24215/18521606e079, pp. 32-33.

Así diversas investigaciones subrayan la menor representación de las mujeres no solo en las funciones de responsabilidad organizativa, sino de participación en la base o en los órganos unitarios[140]. Y no solo eso, un análisis comparado con países de nuestro entorno establece que los delegados masculinos tienen más capacidad de 'representación' (empowerment) que las mujeres[141]. Apreciación que, probablemente, se vincule con las dos variables que se expusieron antes que conforman la denominada dimensión sustantiva de la representatividad: la *'visión representacional'* y el *'estilo de la representación'*. En esta distinción, los delegados hombres se auto perciben como representantes de la clase trabajadora a través de una representación encarnada por el *'trustee representation'*.

En relación con el papel de responsabilidad y la conciliación hay autoras que tratan de identificar el grado de reconocimiento y comprensión sobre las desigualdades de género por parte de las cúpulas dirigentes sindicales, a través de sus discursos. La mayoría de los sindicalistas sostienen que no hay diferencias de sexo dentro de la actividad sindical, y frente a la pregunta por la conciliación el tópico más recurrente son las dificultades que se presentan para articular trabajo remunerado, militancia y trabajo reproductivo. Este problema se asocia generalmente a las mujeres y no es tomado por el sindicalismo como un eje de acción. En los discursos de los varones no aparece la cuestión de la conciliación como una dificultad a su participación sindical, y esto tiene que ver a su vez en cómo se forman y qué se prioriza en las agendas sindicales[142].

La formación de las agendas sindicales se constituye en un elemento clave al momento de analizar la introducción de la perspectiva de género en los espacios sindicales. Para ello debe darse cuenta del lugar ocupa la división sexual del trabajo en las agendas sindicales, y si la centralidad que se le otorga al mundo productivo impide considerar el carácter relacional de los mundos productivo y reproductivo, ya que buena parte de las medidas que se plantean están sostenidas en la idea de conciliación —que sigue siendo responsabilidad de las mujeres y de sin valor económico

140 *Vid.* ALOS, R.; BENEYTO, P.J.; JODAR, P., MOLINA, O.; VIDAL, S., «La representación sindical en España», *Informe de la Fundación Primero de Mayo*, Madrid, 2015.

141 Así, BLASCHKE, S., «Determinants of female representation in the decision-making structures of trade unions», *Economic and Industrial Democracy*, vol. 32, núm. 3, 2011, pp. 421, aborda la problemática en Austria y Alemania o la misma conclusión se ofrece en Canadá en LE CAPITAINE, C.; MURRAY, G.; LÉVESQUE, C., «Empowerment and union workplace delegates: a gendered análisis», *Industrial Relations Journal*, vol. 44, núm. 4, 2013, pp. 389–408

142 *Vid.* ASPIAZU, E.L., «Desigualdades de género en los discursos de la dirigencia sindical argentina. Estudio de caso en el sector salud», Perfiles Latinoamericanos, nª. 53, 2019, pp.01-24, https://www.redalyc.org/articulo.oa?id=11562807008

o social— en lugar de articulación, dónde los cuidados son abordados desde una concepción de valor social asumidos por la sociedad en su conjunto. En este sentido, las demandas que se formulan en este contexto priorizan la necesidad de visibilizar la carga reproductiva feminizada, relegando la cuestión remunerativa o de su valor social y económico. Si no se cambia la manera en la que las agendas sindicales abordan esta cuestión, se corre «*el riesgo de reforzar las territorialidades generizadas, naturalizar las desigualdades y eternizar el rol de las mujeres como cuidadoras, antes que problematizarlo, rechazarlo o generar otro tipo de relación en cuanto a la inserción laboral de las mujeres y disidencias*»[143].

Por ello es por lo que para pensar las políticas sindicales se deben considerar las esferas de la producción y la reproducción como inescindibles. En este sentido, la '*Teoría de la Reproducción Social*'[144] se vuelve una herramienta clave, ya que la menor participación de la mujer en las esferas públicas, también en el sindicato, deriva directamente de que estas cargan con el proceso de renovación de los productores directos [o de los lideres sindicales en este caso] a la vez que deben seguir participando en la producción[145]. Explicada así se podría entender que también la participación sindical existe una doble carga de trabajo —la productiva y la reproductiva— que lastra en el origen los liderazgos sindicales de las mujeres.

Para tratar de contrarrestar este sesgo y facilitar la participación de las mujeres en los sindicatos se han propuesto dos modelos de intervención: el modelo de las "estructuras específicas" (espacios de género) y el modelo de las "estructuras principales" (cupos o cuotas)[146]. Así, el primero de ellos, que fue el seguido tradicionalmente, abogaría por la creación de estructuras específicas, de carácter autónomo o paralelo para la mujer. Sin embargo, el modelo de las estructuras principales considera que para corregir el desajuste observable entre el hombre y mujer se requieren medidas de acción positivas mediante cuotas o cupos para influir directamente sobre el acceso

143 *Vid.* GOREN, N., y PRIETO, V. L., *Feminismos y sindicatos en Iberoamérica*, Clacso, Buenos Aires, pp. 84.

144 *Vid.* ARRUZZA, C., y BHATTACHARYA, T., «Teoría de la Reproducción Social. Elementos fundamentales para un feminismo marxista», *Archivos*, 2020, pp. 37-69 y VARELA, P., «La reproducción social en disputa: un debate entre autonomistas y marxistas», *Archivos*, 2020.

145 *Vid.* VOGEL, L. *Marxism and the Oppression of Women: Toward a Unitary Theory*, Haymarket Books, 2014, pp. 129.

146 *Vid.* ORSATTI, A. «Modelos de participación femenina en las estructuras sindicales nacionales», *Revista Pistas. Instituto Mundo del Trabajo (IMT)*, diciembre 2003, disponible: https://www.relatsargentina.com/documentos/RA.1-Genero/RELATS.A.MujeryT.AO2004.pdf

a los cargos directivos, mediante la reserva de determinado número de puestos en el comité ejecutivo[147].

Se ha producido un tránsito desde 'el modelo de las estructuras específicas' hacia el modelo de las estructuras principales, tratándose de dar una mayor presencia a las mujeres en las estructuras dirigentes del sindicalismo. El camino tradicional ha sido sustituido por esta opción, que como se verá en el epígrafe siguiente, es por la que se ha decantado la Ley Orgánica 2/2024, de 1 de agosto, de representación paritaria y presencia equilibrada de mujeres y hombres.

4. LA LEY DE PARIDAD: ¿SUPONE REALMENTE UN AVANCE EN LA EQUIDAD SINDICAL?

La Ley Orgánica 3/2007, de 22 de marzo, para la igualdad efectiva de mujeres y hombres, transpone al ordenamiento jurídico español el acervo comunitario en materia de igualdad entre hombres y mujeres. A su vez, constituyó el punto de partida de los principales avances logrados en esta materia en nuestro país, sobre la base, expresada en su Exposición de Motivos de la necesidad de «*una acción normativa dirigida a combatir todas las manifestaciones aún subsistentes de discriminación, directa o indirecta, por razón de sexo y a promover la igualdad real entre mujeres y hombres, con remoción de los obstáculos y estereotipos sociales que impiden alcanzarla*». Para la Exposición de Motivos de la propia ley la mayor novedad de esta norma se encuentra en las medidas dirigidas a «*la prevención de esas conductas discriminatorias y en la previsión de políticas activas para hacer efectivo el principio de igualdad*».

La Ley Orgánica 3/2007, de 22 de marzo, consagró el principio de «*presencia o composición equilibrada*» en su disposición adicional primera, entendiendo por tal «*la presencia de mujeres y hombres de forma que, en el conjunto a que se refiera, las personas de cada sexo no superen el sesenta por ciento ni sean menos del cuarenta por ciento*». El objetivo de esta reforma era «*alcanzar esa igualdad real y efectiva entre mujeres y hombres*», y por ello contenía un mandato a todos los poderes públicos «*de remoción de situaciones de constatable desigualdad fáctica, no corregibles por la sola formulación del principio de igualdad jurídica o formal*».

---

147 *Vid.* ORSATTI, A. «Modelos de participación femenina en las estructuras sindicales nacionales», *Revista Pistas. Instituto Mundo del Trabajo (IMT)*, diciembre 2003, disponible: https://www.relatsargentina.com/documentos/RA.1-Genero/RELATS.A.MujeryT.AO2004.pdf

El legislador retoma esta premisa como punto de partida y «*con el objetivo de avanzar en la consecución del ejercicio real y efectivo del principio constitucional de igualdad, de acuerdo con el mandato que dirige a los poderes públicos el artículo 9.2 de la Constitución Española*» aprueba la Ley Orgánica 2/2024, de 1 de agosto, de representación paritaria y presencia equilibrada de mujeres y hombres. Esta ley, en lo que ahora nos ocupa, tiene como objetivo implementar el citado principio de presencia o composición equilibrada, ensanchando su base de aplicación. Y para ello, exige una representación paritaria en determinados ámbitos y órganos, la presente ley orgánica introduce sustanciales modificaciones en nuestro ordenamiento jurídico a fin de ahondar en esa realización efectiva de la igualdad de mujeres y hombres, esencialmente en los ámbitos decisorios de la vida política y económica.

La exposición de motivos de la Ley establece que esta sigue los principios de necesidad y eficacia, siendo el instrumento óptimo para poder garantizar la representación paritaria y la participación equilibrada en órganos de gobierno y de decisión, tanto en el sector público como en el privado, y lograr una aplicación efectiva del principio de igualdad. Asimismo, es el instrumento elegido por el legislador para llevar a cabo la transposición de la Directiva (UE) 2022/2381 del Parlamento Europeo y del Consejo, de 23 de noviembre de 2022, relativa a un mejor equilibrio de género entre los administradores de las sociedades cotizadas y a medidas conexas, dando así cumplimiento a las obligaciones del Reino de España en relación con la incorporación de normas de derecho europeo a nuestro ordenamiento jurídico. Además, es el instrumento necesario para implementar políticas públicas que garanticen la igualdad de género en los consejos de administración y puestos de alta dirección de las empresas grandes.

A estos efectos, la Ley Orgánica 2/2024 modifica la Ley Orgánica 5/1995, de 19 de junio, del Régimen Electoral General y establece que «*Las candidaturas que se presenten para las elecciones de diputados y diputadas al Congreso, municipales, de miembros de los consejos insulares y de los cabildos insulares, diputados y diputadas al Parlamento Europeo y miembros de las Asambleas Legislativas de las comunidades autónomas y Juntas Generales de los Territorios Históricos vascos deberán tener una composición paritaria de mujeres y hombres, integrándose las listas por personas de uno y otro sexo ordenados de forma alternativa*» (art.44 Bis).

Esta regla solo puede ser excluida en los supuestos de candidaturas «*que se presenten en los municipios con un número de residentes igual o inferior a 3.000 habitantes. Tampoco será exigible lo previsto en el artículo 44 bis de esta ley en aquellos municipios que cuenten con un número de residentes entre 3.000 y 5.000 habitantes. En estos casos, sí será exigible que las personas de cada sexo no superen el sesenta por ciento ni sean menos del cuarenta por ciento, en cada candidatura*» (art. 187.2 LO del Régimen Electoral

General). Además, se modifica en la misma línea la Ley de Sociedades de Capital, la Ley de los Mercados de Valores, la Ley sobre Colegios Profesional.

En lo que respecta al mundo sindical, se incluye por primera vez modificaciones en esta materia en la Ley Orgánica 11/1985, de 2 de agosto, de Libertad Sindical, con el siguiente contenido: «*Los órganos de representación, gobierno y administración de los sindicatos constituidos al amparo de esta ley se nombrarán atendiendo al principio de representación paritaria y presencia equilibrada entre mujeres y hombres, de tal manera que las personas de cada sexo no superen el sesenta por ciento ni sean menos del cuarenta por ciento. Si el porcentaje de miembros del sexo menos representado no alcanza el cuarenta por ciento se proporcionará una explicación motivada de las causas, así como de las medidas adoptadas para alcanzar ese porcentaje*» (disposición adicional quinta).

La justificación de esta modificación no se encuentra en la prolija exposición de motivos de la Ley Orgánica 2/2024, que en esta materia alude de manera prosaica a que se introduce la citada modificación. Es más, la modificación de la Ley Orgánica de Libertad Sindical ni siquiera figuraba en anteproyecto de ley, por lo que no están detallados los objetivos que perseguía el legislador. Es cierto que estos se pueden inferir de la propia filosofía que vertebra la ley, pero no se ha establecido un diagnóstico previo sobre la situación de los sindicatos, ni se han justificado de qué manera las modificaciones introducidas en este ámbito contribuyen a minimizar una desigualdad previamente identificada.

La opción legislativa plantea diversos interrogantes en lo que merece la pena detenerse. El primero de ellos es por qué su ámbito de actuación se ha centrado, en este momento, en la organización interna del sindicato, dicho de otra manera, en sus cargos orgánicos. Cuando, por un lado, ni los datos estadísticos de los que se disponen arrojan un problema preocupante en este sentido, ni, por otro lado, teóricamente parece que el afianzamiento de la representación estadística suponga, por sí solo una corrección suficiente en la igualdad de género. En efecto, cabe recordar que en septiembre de 2024 los datos de los que se dispone sobre la composición orgánica de los sindicatos ya cumplen con las nuevas previsiones de la Ley de paridad. Así, la Comisión Ejecutiva Confederal de UGT cuenta en este momento con un 53,33% de mujeres; la Comisión Ejecutiva de CCOO con un 54,55%, la Comisión Ejecutiva Confederal de USO con un 66,67%, el Comité Ejecutivo Nacional del CSIF con un 50% y el Comité Confederal de CGT con un 55,50%[148].

---

148 Datos obtenidos del Instituto de la Mujer a través de las webs de los sindicatos. Actualizados a 16 de septiembre de 2024.

La segunda de las cuestiones que la nueva regulación deja sin responder es por qué, en línea de lo que se ha hecho con la representación política, no se ha optado por la inclusión de listas cremallera en los procesos de elección a órganos de representación de los trabajadores en la empresa[149]. Tras las cifras globales que presentan los sindicatos sobre representatividad de las trabajadoras en cargos unitarios (40%)[150], se esconden diferencias sustanciales en función del sector de actividad de las personas ocupadas. En efecto, en CCOO, el porcentaje de representantes unitarias más bajo se registra en la Industria (23,31%), seguido de la Federación de Servicios a la Ciudadanía (33,8%), y de la Construcción y Servicios (39,8%). Por el contrario, las cifras más altas de mujeres en los órganos unitarios se encuentran en Enseñanza (56,6%), Sanidad (77,35%) y Servicios (49,96%). En UGT, por su parte, que desglosa aún más los datos, las cifras más bajas se encuentran en la Minería y la Construcción (11,6% y 11,9%), seguidas del Material de Transporte, Electrónica y Nuevas tecnologías (13,4%). Los mayores porcentajes de delegadas los registran en Dependencia (86,7%)[151].

A la luz de estos datos parece evidente que, al menos, en determinados sectores sí que podría justificarse una intervención legislativa que corrigiera el evidente sesgo de género que se produce en la representatividad unitaria. Sin embargo, la ley no ha procedido a modificar o matizar el Real Decreto 1844/1994, de 9 de septiembre, por el que se aprueba el Reglamento de elecciones a órganos de representación de los trabajadores en la empresa. El artículo 8 y 9 del citado Real Decreto regulan las candidaturas y elección de los representantes de los trabajadores en la empresa o el centro del trabajo en los siguientes términos «*1. La presentación de candidaturas deberá hacerse utilizando el modelo número 8 del anexo a este Reglamento y junto a cada candidato se indicará el orden en que se habrá de votar aquélla (…) 3. Las candidaturas a miembros de Comité de Empresa deberán contener, como mínimo, tantos nombres como puestos a cubrir*» (art.8). A lo que se añade «*en las empresas o centros de trabajo de menos de*

---

149 *Vid.* FERNÁNDEZ PROL, F. «Reflexiones en torno a la ley orgánica 2/2024, de 1 de agosto, de representación paritaria y presencia equilibrada de mujeres y hombres: ¿una oportunidad perdida para la democracia paritaria en el ámbito laboral»*, Net21, nº19, 2024, pp.6.

150 En lo que respecta a la representación femenina en la representación unitaria, a 31 de agosto de 2018 Comisiones Obreras contaba con 97.095 representantes unitarios, de los que 38.387 eran mujeres, un porcentaje del 39,54%. En esta misma fecha, en la UGT las mujeres suponían un 38,2% del total de representantes del sindicato (33.799 mujeres delegadas entre el total de 88.595 representantes). El sindicato de funcionarios y empleados públicos CSIF presentaba un porcentaje similar, el 39,4%. Datos proporcionados por Diario.es, septiembre de 2018, https://www.eldiario.es/economia/mujeres-suponen-delegados-sindicatos-mayoritarios_1_1931860.html

151 Datos proporcionados por Diario.es, septiembre de 2018, https://www.eldiario.es/economia/mujeres-suponen-delegados-sindicatos-mayoritarios_1_1931860.html

50 trabajadores se establecerá una lista única de candidatos a delegados de Personal ordenada alfabéticamente con expresión de las siglas del sindicato, coalición electoral o grupo de trabajadores que los presenten.2. En las elecciones a miembros de Comité de Empresa en cada lista de candidatos deberán figurar las siglas del sindicato, coalición electoral o grupo de trabajadores que la presenten».

Siguiendo la filosofía de la ley hubiera sido coherente incluir alguna medida correctora en este sentido, porque incluso en aquellos sectores que estuvieran tan hiper masculinizados que impidieran, materialmente, la configuración de listas paritarias podría salvarse con una fórmula tipo como la incluida en la nueva disposición adicional quinta de la LOLS: «*Si el porcentaje de miembros del sexo menos representado no alcanza el cuarenta por ciento se proporcionará una explicación motivada de las causas, así como de las medidas adoptadas para alcanzar ese porcentaje*».

Precisamente, el actual proceso de elecciones sindicales brinda la posibilidad de corregir este desfase con la incorporación de más mujeres a las tareas de representación. Para avanzar en la consecución de cambios las mujeres deben implicarse directamente y ser las protagonistas de estos, no delegando en otras personas sus reivindicaciones sino participando activamente para hacerlas realidad.

Esta idea sería coherente no solo con los objetivos de la nueva ley de paridad, si no con la propia coherencia del ordenamiento en su conjunto, ya que a pesar de que la LOREG no se puede aplicar de manera supletoria a las elecciones a representantes de los trabajadores en la empresa, salvo remisiones expresas, puesto que no se trata de supuestos equiparables (STC 149/1988, de 21 de julio)[152], de alguna manera sí que debiera inspirar o guiar los procesos electorales en general, en cuanto fija las condiciones básicas para el ejercicio del derecho de sufragio, integrando de esta manera el bloque de la constitucionalidad y, por ende, erigiéndose como parámetro de constitucionalidad.

La aplicación extensiva del artículo 44 Bis de la LOREG a las elecciones unitarias ya conllevó alguna polémica, baste a modo de anécdota, la mención al Auto dictado por el Juzgado Nº1 de Santander de 27 de junio de 2023, por el cual suspende el laudo arbitral a petición de la Federación de Servicios Públicos de UGT que pretendía imponer la paridad de género en las listas electorales de las elecciones de representantes celebradas en el Ayuntamiento de Santander «*la normativa analizada en el laudo no establece una obligación objetiva de presentación de candidaturas paritarias*". El juez

---

152 *Vid.* COSTA REYES, A. «Tribunal Constitucional y elecciones a representantes de los trabajadores», *Temas Laborales*, nº 62, pp.115.

entiende que la normativa reguladora de las elecciones en la Comunidad de Cantabria, *«tan solo establece medidas de fomento y recomendación, y no una obligación legal de composición equilibrada similar a la que establece el artículo 44 bis de la LOREG»*[153].

La nueva regulación puede plantear dudas respecto de su eficacia o su eficiencia, pero cabe recordar que a nivel legislativo estas medidas cuentan con el aval de nuestro Tribunal Constitucional, que ya se ha pronunciado sobre la conveniencia de estas en el ámbito de la representación política. En concreto, la STC 12/2008, de 29 de enero y 13/2009, de 19 de enero, declararon que estas medidas no solo no vulneraban el derecho a la igualdad, sino que además lo hacía efectivo en el ámbito de la representación política.

La aceptación de estas medidas se fundamentó, en primer término, en el mandato constitucional contenido en el artículo 9.2 de la CE, que dispone que, en materia de igualdad, no solamente es preciso alcanzar la formal, sino también la sustantiva. Basándose en su jurisprudencia anterior, el TC entendió que en el ámbito de la representación la igualdad no es sólo un instrumento para facilitar la participación efectiva de todos en la dirección de los asuntos públicos, sino que esta debería ser concebida como un elemento definidor de la noción de ciudadanía (STC 12/2008, de 29 de enero, f.j.4).

Los partidos políticos aparecen como el cauce válido para lograr esa igualdad sustantiva. La composición equilibrada de las listas hace que la efectividad sea real en el disfrute de los derechos que exige el art. 9.2 CE, y ello porque estamos ante una acción que afecta a los dos sexos de la misma forma, porque la libertad de elaboración de candidaturas no es absoluta, y porque el fin que se intenta conseguir es legítimo, y el instrumento empleado para tal cometido razonable y no vulnerador de ningún derecho fundamental (STC 12/2008, de 29 de enero, f.j. 5).

El Tribunal Constitucional añade, a mayor abundamiento, que la exigencia de listas paritarias no afecta o interfiere con las facetas clásicas del derecho de asociación (libertad de crear y de adscribirse, de no asociarse y de dejar de pertenecer, libertad de organización y funcionamiento internos, y facultades de los asociados frente a las asociaciones) sino que obedecen a aspectos relacionados con la libertad de actuación externa (presentación de candidaturas) que pueden ser limitados por la acción de otros principios constitucionales.

---

153 *Vid.* Noticia de prensa https://eldiariocantabria.publico.es/articulo/laboral/juez-falla-ugt-ayuntamiento-santander-paridad-es-obligatoria-elecciones-sindicales/20231009121941144326.html

La STC 13/2009, de 19 de enero, en su fundamento jurídico once, establece que esas medidas deben ser provisionales y se justifican por las circunstancias sociales del momento en que se adoptan, de manera que su misma eficacia habrá de redundar en la progresiva desaparición del fundamento constitucional del que ahora disfrutan. Se trata de unas sólo constitucionalmente aceptables en tanto que coyunturales, en cuanto responden a la apreciación por la persona legisladora de una situación determinada[154].

Para el Alto Tribunal, el precepto discutido prevé una «*fórmula de equilibrio de sexos*» que, además, tampoco es estrictamente paritaria porque no obliga a respetar unos porcentajes que garanticen una presencia similar de mujeres y hombres en la composición de las candidaturas electorales conforme a una reserva del cincuenta por ciento (recordemos que el precepto establece que ni el colectivo de mujeres ni el colectivo de varones podrán integrar las candidaturas electorales en una proporción, bien inferior al 40%, bien superior al 60%). Esta definición de la medida discutida como «*fórmula de equilibrio de sexos*» y, en definitiva, su negación como medida de discriminación inversa, se apoya básicamente en su configuración bidireccional, conforme a la cual se asegura que los porcentajes mínimos y máximos establecidos resulten aplicables por igual a uno y otro sexo sin introducir, por tanto, un tratamiento peyorativo para ninguno de ellos; es decir, sin favorecer a un sexo sobre el otro[155].

Para el Tribunal, exigir una composición equilibrada por razón de sexo en los órganos de representación política, consecuente a su vez con la distinción de dos grupos sociales por razón de sexo, es perfectamente constitucional «*pues se entiende que ese equilibrio es determinante para la definición del contenido de las normas y actos que hayan de emanar de aquellos órganos*» (en concreto, de su contenido en materia de igualdad hombre-mujer). «*Exigir a quien quiera ejercer una función representativa y de imperio sobre sus conciudadanos que concurra a las elecciones en un colectivo de composición equilibrada debido al sexo es garantizar que, sea cual sea su programa político, compartirá con todos los representantes una representación integradora de ambos sexos que es irrenunciable para el gobierno de una sociedad que así, necesariamente, está compuesta*». Parece que, al menos, el Tribunal Constitucional está defendiendo la existencia de un interés de género (la consecución de la igualdad hombre-mujer) y que éste sólo se puede incorporar al debate provocando las consecuentes actuaciones por

---

154 *Vid.* TORRES MURO, I., «La SSTC 12/2008, de 29 de enero y 13/2009, de 19 de enero, de cuotas electorales», *Aequalitas*, nº 24, pp. 32-33.

155 *Vid.* MARTÍNEZ ALARCÓN, M.L., «Comentario a la sentencia del Tribunal Constitucional 12/2008, de 29 de enero, sobre la Ley Orgánica para la igualdad efectiva de mujeres y hombre», *UNED. Teoría y Realidad Constitucional*, núm. 22, 2008, pp. 608.

parte de los órganos representativos cuando éstos se integran por mujeres y hombres de una forma equilibrada[156].

No han faltado disensiones dentro del Tribunal, concretamente las manifestadas por el magistrado Jorge Rodríguez-Zapata en sendos votos particulares a las sentencias citadas. En ellos se centra en la crítica de la introducción de la paridad por ley, y en considerar lesionado el concepto clásico de representación porque se interpone entre la soberanía y la categoría de ciudadano la condición sexual.

Cabe recordar en este punto, que las organizaciones, tanto las políticas, como sindicales, tienen cuerpo y son organizaciones sexuadas (*vid.* Cap.II.2), por lo que estas medidas no interponen la categoría de género, sino que evidencian que estas no son neutras y se trata de equilibrar esa desigualdad. Este razonamiento es trasladable a las organizaciones sindicales, que de alguna manera eran conscientes de sus debilidades, ya que a pesar de que no existiría ninguna obligación legal hasta la ley de paridad, sus normas internas ya incluían normas correctoras en la materia[157].

Así, los estatutos de la Confederación Sindical de CCOO expresan, entre otras ideas, en la 'Definición de principios' que «*CCOO se propone (…) remover los obstáculos para avanzar en una representación paritaria de hombres y mujeres en todos los niveles y en todos los órganos de dirección del sindicato*». Seguidamente, su art. 11.3 regula un sistema de presentación de candidaturas acorde con el principio de democracia paritaria: «*En la constitución y desarrollo de la CS de CCOO como sindicato igualitario de hombres y mujeres, y para lograr la plena participación, compromiso y responsabilidad en todos los órganos del sindicato y en las delegaciones que corresponda elegir en los congresos y/o asambleas, las candidaturas que se presenten se ajustarán a las reglas siguientes: a) En las organizaciones en las que la afiliación de hombres o mujeres sea inferior al 30% incorporarán como mínimo un número de hombres o mujeres proporcional al mismo número de afiliados y afiliadas en dicha organización incrementado en un 10 %. b) En aquellas organizaciones en las que la afiliación de mujeres sea igual o superior al 30 % e inferior al 50 % guardarán la proporción del 60/40% para cada uno de los géneros. c) En aquellas organizaciones en las que la afiliación de mujeres sea igual o superior al 50 % incorporarán un porcentaje de mujeres no inferior al 50%.*

---

156   *Vid.* MARTÍNEZ ALARCÓN, M.L., «Comentario a la sentencia del Tribunal Constitucional 12/2008, de 29 de enero, sobre la Ley Orgánica para la igualdad efectiva de mujeres y hombre», *UNED. Teoría y Realidad Constitucional*, núm. 22, 2008, pp. 611.

157   *Vid.* CABEZA PEREIRO, J. y FERNÉNDEZ PROL, F., «Democracia paritaria y relaciones laborales propuestas para una composición equilibrada de los órganos de representación de las personas trabajadoras», *Revista del Ministerio de Trabajo y Economía Social*, nº 155, 2023, pp. 134-136.

d) Las candidaturas deberán respetar las proporciones mencionadas en los dos niveles: titulares y suplentes. e) En los congresos y/o asambleas congresuales del primer nivel, el número de mujeres y hombres que integrarán las candidaturas que se presenten será proporcional a la afiliación de cada sexo en la circunscripción correspondiente, tanto para los órganos como para las delegaciones a las asambleas o congresos superiores. f) Todas las candidaturas se elaborarán garantizando la alternancia entre hombres y mujeres, desde la primera posición hasta donde el número de candidatos y candidatas lo permita, en concordancia con las reglas anteriores».

También se encuentran previsiones en este sentido en las normas del XIII Congreso Confederal. En concreto, la disposición decimoprimera, apartado cuarto prevé que «*En la constitución y desarrollo de la CS CCOO como sindicato igualitario de hombres y mujeres y para lograr la plena participación, compromiso y responsabilidad en todos los órganos del sindicato y en las delegaciones que corresponda elegir en los congresos y/o asambleas, las candidaturas que se presenten se ajustarán a las reglas siguientes: a) En las organizaciones en las que la afiliación de hombres o mujeres sea inferior al 30% incorporarán como mínimo un número de hombres o mujeres proporcional al mismo número de afiliados y afiliadas en dicha organización incrementado en un 10%; b) En aquellas organizaciones en las que la afiliación de mujeres sea igual o superior al 30% e inferior al 50% guardarán la proporción del 60/40% para cada uno de los sexos; c) En aquellas organizaciones en las que la afiliación de mujeres sea igual o superior al 50% incorporarán un porcentaje de mujeres no inferior al 50%; d) Las candidaturas deberán respetar las proporciones mencionadas en los niveles: titulares y suplentes; e) En los congresos y/o asambleas congresuales del primer nivel, el número de hombres y mujeres que integrarán las candidaturas que se presenten será proporcional a la afiliación de cada sexo en la circunscripción correspondiente, tanto para los órganos como para las delegaciones a las asambleas o congresos superiores; f) Todas las candidaturas se elaborarán garantizando la alternancia entre hombres y mujeres, desde la primera posición hasta donde el número de candidatos y candidatas los permita, en concordancia con las reglas anteriores*».

Por su parte, los Estatutos confederales de UGT disponen lo siguiente, en relación con sus órganos colectivos, en su art. 3.4: «*el conjunto de la Confederación establecerá en sus congresos un sistema de participación en los congresos, comités y comisiones ejecutivas, a todos los niveles, que garantice una presencia de hombres y mujeres en dichos órganos más en consonancia con la realidad afiliativa de UGT. Esta presencia tenderá a ser proporcional al número de afiliados y afiliadas en cada organización. En todo caso, se garantizará una presencia mínima del cuarenta por ciento para cada sexo en aquellas organizaciones que alcancen o sobrepasen dicho porcentaje y para aquellas que no alcancen el cuarenta por ciento se incrementará el porcentaje del sexo que no lo alcance en un diez por ciento. Esta cuota de género operará obligatoriamente para las uniones de comunidad autónoma (UCAS) y para las federaciones estatales (FFEE). En los ámbitos inferiores, atendiendo a las dificultades afiliativas que pudiesen surgir, se contemplarán las posibilidades de su cumplimiento. En el cálculo resultante de la proporcionalidad, si hubiese un puesto sobrante se atribuirá al mayor resto (afiliadas, afiliados).*

Asimismo, el conjunto de la Confederación establecerá sistemas de participación en todos los niveles que fomenten la presencia de afiliados y afiliadas menores de 35 años". Y, en cuanto a la comisión de seguimiento, dispone el art. 58.2 que *"tenderá a la paridad en su composición entre hombres y mujeres».*

Como se puede observar, el sindicalismo representativo ha tratado de corregir autónomamente problemas de representatividad. Aunque la problemática se aborda de distinta manera en las distintas organizaciones, ninguna establece previsiones respecto de la elaboración de listas paritarias o cremallera para las elecciones unitarias. De las normas transcritas respecto de CCOO sus reglas afectan tanto a los órganos colectivos como a las candidaturas a los puestos decisorios y los de UGT se centran en los órganos colectivos[158].

Esta reformulación tanto a nivel legislativo, como en las normas de organización de los distintos sindicatos evidencia la tensión entre representación estadística y descriptiva, es decir, las políticas aplicadas y la cantidad de mujeres en espacios de decisión. En un contexto en el cual avanzan las políticas de género, pero continúan habiendo discriminaciones y dificultades para que las mujeres puedan llegar a los espacios de decisión, nos hace pensar que las políticas de igualdad y las medidas de acción positiva solas no alcanzan. Falta todavía la eliminación de los regímenes de desigualdad, esta discriminación reproducida involuntariamente en el interior de las organizaciones y que termina esmerilando los intentos serios por avanzar en la igualdad. entre varones y mujeres.

---

158 *Vid.* CABEZA PEREIRO, J. y FERNÉNDEZ PROL, F., «Democracia paritaria y relaciones laborales propuestas para una composición equilibrada de los órganos de representación de las personas trabajadoras», *Revista del Ministerio de Trabajo y Economía Social*, nº 155, 2023, pp. 136-137.

CAPITULO III:
GÉNERO Y ESTRUCTURAS SINDICALES

1. EL DOBLE CANAL DE REPRESENTACIÓN: UNA RELECTURA DE LA REPRESENTACIÓN UNITARIA Y SINDICAL DESDE LA PERSPECTIVA DE GÉNERO

El sistema español de representación y participación de los trabajadores instaurado con la Constitución Española plantea múltiples debates jurídicos que aún hoy no han sido cerrados o abordados con toda la profundidad requerida. Las cuestiones controvertidas no se deben solo a la complejidad general del sistema, así como a la concreta formulación de las correspondientes reglas o previsiones legales mediante las que este se desarrolló, sino también a la falta de adecuación a los nuevos paradigmas laborales y productivos que se han sucedido en las últimas décadas. Se ha insistido, de manera reiterada, que el sistema productivo ha sufrido diversos avatares que hacen que la concepción del sistema de relaciones laborales haya mutado desde su propia esencia y, sin embargo, las estructuras colectivas, paradigmáticamente, la representación de los trabajadores en la empresa permanece inmutable.

Como se sabe, en la empresa pueden convivir varios tipos de sujeto: la representación unitaria y la sindical. El desarrollo de la participación de los trabajadores en la empresa en esta doble vertiente supone, a juicio de algunos autores, que, desde el propio origen, y en términos de teoría jurídica, el sistema sea conceptualmente confuso[159]. Y ello es así, porque en el texto constitucional se articulan dos planos diferenciados, que, sin embargo, se han superpuesto y confundido en su desarrollo legal.

Así, la Constitución ha atribuido un especial relieve a los sindicatos. Esta opción del constituyente se manifiesta en la muy significativa mención que de ellos hace su título preliminar (STC 134/1994, de 9 de mayo)[160]. El artículo 7 prevé que «*los*

---

159 *Vid.* LANDA ZAPIRAIN, J.P., «Agotamiento del modelo español de doble canal de representación para una eficiente gestión del cambio en la empresa: la co-determinación como posible solución», *Documentación Laboral*, núm. 109, 2017, Vol. I., pág. 22.

160 *Vid.* SÁNCHEZ-URÁN, Y., «Los sujetos colectivos en la empresa: un estudio jurisprudencial», *Revista del Ministerio de Trabajo y Asuntos Sociales*, nº 43, 2003, pág. 32.

sindicatos de trabajadores y las asociaciones empresariales contribuyen a la defensa y promoción de los intereses económicos y sociales que les son propios (…)» y el artículo 28 de la CE a su vez que *«Todos tienen derecho a sindicarse libremente».* Estas previsiones constitucionalizan al sindicato, pero no hace lo mismo con el comité de empresa, que es de creación legal y solo se puede encontrar una vinculación indirecta y remota con el artículo 129.2 CE (STS de 37/1983, de 11 de mayo). La Constitución ha optado por otorgar un protagonismo singular a los sindicatos, como mediadores en las relaciones laborales, al ser titulares del derecho a la libertad sindical, por lo que tienen primacía a la hora de defender la autonomía colectiva frente a eventuales conductas de corte antisindical (STC 74/1996, de 30 de abril).

Como ya se anunció, las menciones a la participación de los trabajadores en la empresa no se limitan a las referencias sindicales, si no que se vincula también a un desarrollo parcial del artículo 129. 2 CE. El citado precepto establece, a estos efectos, que *«los poderes públicos promoverán eficazmente las diversas formas de participación en la empresa y fomentarán, mediante una legislación adecuada, las sociedades cooperativas. También establecerán los medios que faciliten el acceso de los trabajadores a la propiedad de los medios de producción».*

El desarrollo de estas previsiones se ha concretado en el Título II del Estatuto de los Trabajadores (*«De los derechos de representación colectiva y de reunión de los trabajadores en la empresa»*). Además, debe de tenerse en cuenta que el Título II del Estatuto de los Trabajadores erige todo el sistema de participación en la empresa en torno al concepto de representatividad, vinculado a la audiencia electoral, que a la vez se construye en torno a la unidad electoral del centro de trabajo (art.62 y 63 del ET).

La complejidad del sistema se agravaba cuando las citadas elecciones reguladas en el Título II del ET no se limitan a ordenar la representación unitaria, sino que son tomadas como referencia para medir la audiencia electoral de las organizaciones sindicales a efectos de representatividad sindical[161]. En efecto, los procedimientos electorales no determinan solo la existencia y composición de los órganos de representación unitaria, delegados de personal y comité de empresa, sino también la capacidad de acción de las organizaciones sindicales[162].

---

161 *Vid.* CIALTI, P.H.,«La necesaria superación del centro de trabajo como unidad electoral», *Temas laborales*, núm. 157, 2021, pág. 93 y LAHERA FORTEZA, Jesús, «Crisis de la representatividad sindical: propuestas de reforma», *Revista internacional y comparada de relaciones laborales y derecho del empleo*, 2/2016, vol. 4, pág. 6

162 *Vid.* GIL OTERO, L., «Doble canal de representación de los Trabajadores ante la economía de plataformas», *Revista Española de Derecho del Trabajo*, nº226, 2020, pág. 33.

Esta realidad conlleva que la actuación de estos representantes, aun en los supuestos que sea de carácter objetivamente sindical, dependerá de una atribución legal de facultades[163], o lo que es lo mismo, a diferencia de lo que ocurre con el sindicato, para los que sus posibilidades de actuación derivan directamente del reconocimiento constitucional del derecho fundamental de libertad sindical, los representantes unitarios pueden negociar convenios colectivos, promover huelgas o conflictos porque así lo establece expresamente una disposición legal[164].

Sin embargo, esta distinción entre el fundamento en la atribución de facultades entre los sujetos unitarios y sindicales se confunde en la práctica y no parece tener un acomodo constitucional[165]. En efecto, en la norma fundamental, se diferencia claramente el derecho a la libertad sindical, cuyo contenido esencial «*integra derechos de actividad y medios de acción de los sindicatos (huelga, negociación colectiva, promoción de conflictos) que, por contribuir de forma primordial a que el sindicato pueda desarrollar las funciones a la que es llamado por el artículo 7 de la Constitución, constituyen el núcleo mínimo e indisponible de la libertad sindical, sin el cual ese derecho no sería recognoscible*» (STC 30/1992, de 18 de marzo) y que, por ende, no puede estar supuesta a limitaciones adicionales (como puede ser la exigencia de concurrir a las elecciones unitarias) y otra diferente es la participación en la empresa que se acoge en sus variadas formas, incluida la del acceso a la propiedad por parte de los trabajadores, pero que remite al legislador ordinario su fomento y articulación normativa (art. 129.2 CE)[166].

Los derechos de actividad de los sindicatos son de raíz constitucional, por lo que no puede depender de que exista una ley que atribuya esas facultades. Sí se podría establecer las maneras de ejecutar o llevar a cabo esa atribución constitucional, pero no excluir o condicionar su ejercicio al criterio de representatividad derivado de la audiencia electoral, como ocurre, por ejemplo, con los sujetos legitimados para negociar un convenio colectivo[167].

Esta realidad supone, en la práctica, que nuestro sistema de relaciones colectivas se articule sobre dos ejes o bloques más o menos polarizados, el genérico donde dominan

---

163 *Vid.* GARCÍA MURCIA, J., «Estructura de la representación de los trabajadores en la empresa», *Revista de Trabajo y Seguridad Social. CEF*, 444 (marzo 2020), pp. 213.

164 *Vid.* AGUT GARCÍA, C., *La sección sindical*, Bomarzo, 2004, pág.9.

165 *Vid.* LANDA ZAPIRAIN, J.P., *op.cit.*, pág. 24.

166 *Vid.* LANDA ZAPIRAIN, J.P., *op.cit.*, pág. 25.

167 *Vid.*, a este respecto, sujetos legitimados para negociar un convenio colectivo, artículo 87.1 del ET -Legitimación inicial-: «*las secciones sindicales si las hubiere que, en su conjunto, sumen la mayoría de los miembros del comité*» o «*Los sindicatos que tengan la consideración de más representativos a nivel estatal*».

los sindicatos con el respaldo de Tribunal Constitucional, y el concreto donde dominan los comités unitarios. Algún autor ha puesto de manifiesto que los sindicatos han perdido la iniciativa a nivel de empresa a favor de los comités, y quedan reducidos a la función de negociar convenios sectoriales y a participar en las instituciones públicas. El reparto fáctico de campos existente en la actualidad beneficia a los comités en perjuicio de los sindicatos, porque lo concreto y lo práctico, lo cotidiano y lo básico, se encuentra a nivel de empresa, lo que conlleva supeditar decisiones estratégicas en la acción colectiva a las decisiones de entes artificiales, como son las representaciones unitarias, creadas por la ley o cuanto menos fuertemente respaldadas por ella, lo que implica supeditar todo el sistema al arbitrio del legislador[168].

Esta cuestión se aprecia claramente en la gestión de los conflictos colectivos, en concreto, en el planteamiento y convocatoria de las huelgas, en las que los sindicatos han perdido un amplio margen de actuación. Y desde el punto de vista teórico puede resultar problemático que sea la representación unitaria quien gestione el conflicto habida cuenta de que estos dependen del empresario por la vía contractual directa, aunque ostenten unas amplias garantías para disuadirlo de comportamientos lesivos. Los datos estadísticos demuestran que los representantes unitarios aplican con mayor frecuencia que los sindicatos la convocatoria de huelga (a pesar de que estos son confusos ya que existen muchos comités fuertemente sindicalizados). Así, los delegados y comités de empresa son responsables de más del 50 por 100 de las huelgas convocadas en nuestro país, mientras que UGT convoca en torno al 18 por 100, CCOO alrededor del 24 por 100[169].

Esta problemática tiene también una lectura en clave de género, ya que la complejidad de estas normas y sus distintas proyecciones en el ámbito de la empresa/sindicato puede condicionar de alguna manera quién es elegido para esos puestos, puesto que tiene importantes repercusiones en la proyección y medidas de acción del propio sindicato. Esta vinculación unitaria/sindical puede favorecer que se priorice el perfil que mayor implicación pueda tener, no solo en la empresa, sino también en la organización y estrategia del sindicato, lo que supone que los hombres tengan prioridad, porque no tienen tanta implicación en la conciliación de la vida familiar y laboral y porque su estatus laboral es más estable (mayor antigüedad en la empresa, menor tasa de parcialidad y/o temporalidad, menor uso de medidas de conciliación,

---

168 *Vid.* OJEDA AVILÉS, A. «La representación unitaria: el "faux ami"», *Revista del Ministerio de Trabajo y Asuntos Sociales: Revista del Ministerio de Trabajo e Inmigración*, nº 58, 2005 (Ejemplar dedicado a: XXV años del Estatuto de los Trabajadores), pp.343.

169 *Vid.* OJEDA AVILÉS, A. *op.cit.* pp.344.

etc.) lo que a la larga supone una garantía no solo para la actuación en la empresa sino para la propia estrategia global del sindicato.

Incluso la contratación genera efectos perversos, ya que son las mujeres las que más se incorporan al mercado al amparo de modalidades contractuales atípicas (contratos de duración determinada y a tiempo parcial) o en virtud de contratos fijos pero discontinuos, que, al implicar una menor vinculación, en términos temporales, a la empresa y al entorno laboral, desincentivan la participación de las trabajadoras en los procesos electorales o de designación de delegados sindicales.

Esta idea también se proyecta en el desarrollo del trabajo a distancia, sobre todo en la modalidad de teletrabajo, que en muchos casos es consecuencia de la necesidad de conciliación (tal y como lo establece el art. 34.8 ET). Hecho que se traduce en una feminización del colectivo de trabajadores a distancia, cuyos derechos colectivos, si bien reconocidos legalmente, presentan evidentes dificultades de orden práctico[170].

Los datos sobre las huelgas y la iniciativa en la promoción del conflicto también tienen una lectura en clave de género: si la mayoría de las huelgas son convocadas por los comités de empresa, resulta evidente que la gestión y planteamiento de los conflictos depende de aquellos. Esta circunstancia abre un interrogante interesante ¿qué ocurre en aquellos sectores en los que por el volumen de la empresa y su organización no existe margen legal para la existencia de representación unitaria? No resulta sorprendente que esta situación se produzca mayoritariamente en sectores feminizados, como es el pequeño comercio, los cuidados, servicios, etc…

Cabría preguntarse si en estos supuestos dónde no existe representación unitaria el sindicato recupera la iniciativa. Los datos disponibles son difíciles de interpretar —ya que a veces los comités están fuertemente sindicalizados y ambos sujetos se confunden en las estadísticas— pero parece que la respuesta debe ser negativa, y afirmarse que estos sectores tampoco son atendidos por el sindicato, en de las fábricas grandes, en las que está más asentado a través de las secciones sindicales y presencia en el comité, o promoviendo conflictos de carácter más global o totalizados vinculados a la negociación de convenios sectoriales o huelgas generales.

Esta realidad nos está indicando al menos una cosa que puede resultar evidente, pero una conclusión que puede pasar más inadvertida: las huelgas se convocan en

---

170   *Vid.* CABEZA PEREIRO, J. y FERNÉNDEZ PROL, F., «Democracia paritaria y relaciones laborales propuestas para una composición equilibrada de los órganos de representación de las personas trabajadoras», *Revista del Ministerio de Trabajo y Economía Social*, nº 155, 2023, pp.127.

sectores y/o centros de trabajo, en los que existe representación unitaria fuerte y que, por tanto, hay una plantilla más o menos numerosa que se asemeja al centro de trabajo clásico. A sensu contrario, las huelgas y el planteamiento de medidas de conflicto colectivo se desconectan de sectores atomizados, precarios, informales, que no sorprende que sean los más altamente feminizados. Por aportar un dato que evidencia esta problemática: en 2023 la proporción mujeres entre los ocupados del Sector Servicios —un sector fuertemente atomizado— era del 54%, por lo que puede parecer que no es un sector excesivamente feminizado. Sin embargo, en este sector económico es donde trabajan el 88,9% del total de mujeres ocupadas del país[171].

La huelga como instrumento histórico de lucha se ha vinculado a los grandes centros de trabajo fordista y taylorista, en el que el sujeto colectivo se identificaba con el '*blue collar*'. Sin embargo, este planteamiento es difícilmente trasladable a las nuevas formas de trabajo atípico.

Aunque en estos sectores el sindicato fuera capaz de recuperar la iniciativa y promover la acción sindical y el planteamiento de las medidas de conflicto al margen de la existencia de los comités de empresa, parece que la huelga deja de ser una herramienta idónea. No olvidemos que en su propia concepción se ha dicho que la huelga es un derecho de titularidad individual, pero de ejercicio colectivo y que esta supone reequilibrar la posición de las personas trabajadoras frente al empresario mediante la agrupación y el concierto colectivo (STC 11/1981, de 25 de abril). Por lo que, aunque técnicamente podría plantearse una huelga en centros de trabajo con uno o dos trabajadores, parece difícil que sea un instrumento eficaz. Por tanto, en sectores atomizados parece evidente que el ejercicio de la acción sindical debería plantearse de una manera diferente, con un apoyo más real y decidido por parte de los sindicatos[172].

El mantenimiento del doble canal de representación, unitaria y sindical, debería conllevar un reparto de funciones entre ambos órganos, otorgando exclusivamente a las secciones sindicales, como extensión lógica del sindicato en la empresa, la acción reivindicativa en defensa de los trabajadores. La representación sindical tendría en monopolio el derecho a la negociación colectiva, la convocatoria/gestión de huelgas o conflictos, y la legitimación procesal colectiva. La representación unitaria ejercería exclusivamente derechos de participación, de información y consulta ante decisiones de

---

171 *Vid. Informe La situación de las mujeres en el mercado de trabajo 2023*, pp.17-18. https://www.mites.gob.es/ficheros/ministerio/sec_trabajo/analisis_mercado_trabajo/situacion-mujeres/Mujeres-y-Mercado-de-Trabajo-2023.pdf

172 *Vid*. GARCÍA TORRES, A., «El papel del sindicato a debate: una relectura de los derechos de Acción Sindical a raíz del «Caso de las 6 de Suiza», *Net21*, n°20, 2024, pp.5-6.

la empresa, y de colaboración con la empresa, asumiendo, por ejemplo, las funciones vigentes de los delegados de prevención de riesgos laborales[173]. Este planteamiento del doble canal de representación/participación se observa en experiencias de derecho comparado[174]. Así, en los Países Bajos y Alemania, se otorga la negociación colectiva de las condiciones de trabajo a los sindicatos, normalmente a nivel sectorial, relegando la labor de los comités de empresa a consultas o codecisiones sobre la política social interna de la empresa[175].

2. LA DESCONEXIÓN DE LA 'AUDIENCIA ELECTORAL' Y LA 'REPRESENTATIVIDAD SINDICAL' EN LOS SECTORES FEMINIZADOS

Si el fundamento y desarrollo del doble canal de representación en nuestro sistema de relaciones laborales ya resulta confuso, desde su propia concepción, planteamiento y desarrollo, los problemas de adecuación y legitimación se han ido acrecentado con el paso de los años, y la incorporación de nuevas realidades económicas al tejido productivo español.

Como se ha dicho, la representatividad se articula en torno al concepto de audiencia electoral, que a la vez se construye en torno a la unidad electoral del centro de trabajo. Sin embargo, en la actualidad el centro de trabajo dista en muchas ocasiones del lugar donde se desarrolla la prestación, por lo que mantener el criterio de representatividad vinculado únicamente a las elecciones por centro debilita el sistema y contribuye a la desconexión entre audiencia electoral, representatividad sindical y negociación colectiva de eficacia general, al quedar debilitado el criterio de legitimidad y poder sindical.

Así, el modelo de representatividad por centro de trabajo podía ser útil en los albores del Estatuto de los Trabajadores, en un ámbito típicamente industrial, pero no lo es en las nuevas formas de organización de la empresa, que tienden a alejar a los trabajadores de sus centros de trabajo convertidos en unidades electorales. Esta

---

173 *Vid.* LAHERA FORTEZA, J., «Representación y representatividad sindical: puntos críticos y propuesta de reforma», *Papeles de Economía Española: Los problemas del mercado de trabajo y las reformas pendientes*, n.º 156, 2018, pág. 24.

174 *Vid.* GALIANA MORENO, J. y GARCÍA ROMERO, B., «La participación y representación de los trabajadores en la empresa en el modelo normativo español», *Revista del Ministerio de Trabajo y Asuntos Sociales*, nº 43, 2003, pág.19.

175 *Vid.* JACOBS, A., *Labour Law in The Netherlands*, Wolters Kluwer, The Netherlands, 2015, pág. 290 y WAAS, B., «Employee Representation at the Enterprise in Germany», *Systems of employee representation at the enterprise: a comparative study*, Wolters Kluwer, 2012.

falta de adaptación del modelo electoral genera una desigualdad en el cómputo de la representatividad sindical, ya que una gran parte del sistema productivo español queda al margen del sistema de elección unitarias por su dimensión y composición, ya que no cuentan con un centro de trabajo de referencia, en el sentido industrial del término[176]. Esta situación conlleva que la audiencia electoral deje de ser una referencia adecuada para el cómputo de la representatividad de los trabajadores en el centro.

La regulación en la normativa del concepto de centro de trabajo ha sido invariable en el Estatuto de los Trabajadores y siempre se ha asociado ese espacio físico al lugar donde se circunscribe el ámbito de aplicación del poder de dirección. Es evidente que la relación centro de trabajo físico y unidad productiva quiebra con las nuevas formas de organización empresarial donde el poder de dirección y organización se realiza de manera no presencial. La desaparición física del centro de trabajo y el ejercicio del poder empresarial a través de las tecnologías exige una redefinición de los límites y del ejercicio de este[177]. Junto a este problema inicial también hay que tener en cuenta que el centro de trabajo en muchas nuevas realidades se confunde con el domicilio, ya sea del trabajador (en supuestos de teletrabajo) o del usuario que contrata o recibe la prestación de servicios, lo que puede suponer un problema a la hora de conjugar derechos básicos, como la protección de la seguridad y salud en el trabajo, con garantías constitucionales básicas como la inviolabilidad del domicilio, que afecta a cuestiones tan trascedentes como la salud de las personas trabajadoras[178].

Tradicionalmente, se ha dicho que el concepto de centro de trabajo se caracteriza por su indeterminación[179]. Así, el artículo 1.5 del Estatuto de los Trabajadores lo define como «*unidad productiva con organización específica, que sea dada de alta, como tal ante la autoridad laboral*». Así, el legislador otorga al centro de trabajo carta de naturaleza a través de la ley, pero olvida definirlo. Ha sido la jurisprudencia la que ha tenido que ir delimitando este concepto, de tal manera que se ha establecido como centro de trabajo «*unidad productiva, con organización específica y funcionamiento autónomo, aun no siendo independiente del conjunto de la empresa, y que tiene efectos y repercusiones específicas en el ámbito laboral*» (*v.gr.*, SSTS de 17 de septiembre de 2004, rec. 81/2003; de 11 de febrero de 2015, rec. 2872/2013).

---

176 *Vid.* CIALTI, P.H., «La necesaria superación del centro de trabajo como unidad electoral», *Temas laborales*, núm. 157, 2021, pp. 93.

177 *Vid.* GALLEGO MONTALBAN, J., *op.cit.*, pp. 265.

178 *Vid.* GARCÍA TORRES, A., *La perspectiva de género como factor de evolución de las fronteras y estructuras del Derecho del Trabajo*, Bomarzo, Albacete, 2024, pp.77 y ss.

179 *Vid.* ALVAREZ DEL CUVILLO, A., «El centro de trabajo como unidad electoral: un concepto jurídico indeterminado en un contexto de cambio organizativo», *Revista Española de Derecho del Trabajo*, nº 188, 2016.

A pesar de su indefinición si se puede apreciar una tímida evolución en su regulación, ya que la normativa anterior lo circunscribía a la titularidad de los medios de producción del empresario. Así, el artículo 5 de la LCT 1944 definía en términos estrictamente patrimoniales el concepto de empresario o patrono, como «*el individuo o la persona jurídica propietaria o contratista de la obra donde se preste el trabajo*». De donde se podía deducir que solo el propietario en su calidad de dueño del conjunto de medios donde se prestaba el trabajo adquiría la calificación de empresario en la relación laboral[180].

La unidad productiva debe entenderse como el conjunto de medios materiales y humanos que tienen una cierta entidad en el proceso de producción de bienes. El elemento decisivo reside en la existencia de una organización especifica. Tradicionalmente, para determinar la existencia de autonomía se recurría a una serie de indicios o hechos-base: elemento territorial o geográfico, factor objetivo, vocación de continuidad permanencia de la unidad, existencia de un grupo humano reconocible y socialmente percibido con estabilidad y vocación de permanencia, particularidades de las condiciones de trabajo[181].

Sin embargo, los nuevos modelos productivos quiebran esta idea estática del centro de trabajo, al imponer un concepto de trabajo «*líquido*»[182]: la movilidad, la digitalización y la flexibilidad son tres conceptos que van muy ligados con la manera en la que se entiende actualmente el trabajo y que no se circunscribe a un único espacio físico.

El trabajo líquido hace referencia a una nueva forma de plantear las relaciones laborales que rompe con los patrones clásicos de jerarquía, horarios fijos, estabilidad laboral o la relación exclusiva entre un empleado y su empleador. En el trabajo líquido lo realmente importante es el valor que aporta determinada persona mediante sus habilidades y conocimientos. En este contexto, los profesionales son conscientes de la naturaleza del mercado y trabajan para formarse como individuos, no como empleados. De esta forma, el objetivo final de un trabajador líquido es convertirse en un activo para las empresas, colaborar con otros profesionales con talento, crear sus propias oportunidades y construir su propio futuro laboral.

---

180 *Vid.* MIÑAMBRES PUIG, C., «El centro de trabajo. El reflejo jurídico de las unidades de producción», *Colección Tesis Doctorales*, 1985, pp. 138.

181 *Vid.* CIALTI, P.H., «La necesaria superación del centro de trabajo como unidad electoral», *Temas laborales*, núm. 157, 2021, pp.88.

182 *Vid.* BAUMAN, Z., *Modernidad líquida*, Editorial Fondo de Cultura Económica, México DF, 2003, pp. 130 y 167 y VÁZQUEZ ROCCA, A., «Zygmunt Bauman: modernidad líquida y fragilidad humana», Nómadas. *Revista Crítica de Ciencias Sociales y Jurídicas*, 2008, pp. 3

Como se ha dicho, la falta de un centro de trabajo de referencia conlleva problemas a la hora de aplicar o interpretar derechos y deberes laborales, ya que configura el criterio de la representatividad en torno a la audiencia electoral, concepto que se encuentra indisolublemente vinculado a la concepción clásica del centro de trabajo[183].

La concepción y determinación del centro de trabajo como elemento nuclear de la audiencia electoral tiene implicaciones profundas en clave de género. El impacto de la segmentación por sexos del mercado de trabajo hace que el trabajo femenino se concentre mayoritariamente en ámbitos poco propicios para el desarrollo de las elecciones sindicales habida cuenta la vigente configuración legal de la unidad electoral[184].

La estructura sectorial del empleo de la mujer ha permanecido prácticamente estable durante la última década. En 2023 la proporción mujeres entre los ocupados del Sector Servicios es el 54% (prácticamente el mismo porcentaje que en el año 2015), donde trabajan 8.698.700, el 88,9% del total de mujeres ocupadas. Le sigue en importancia de volumen de empleo la industria, en el que suponen en 2023 el 27,9% del sector, con 779.800 mujeres ocupadas, y a más distancia la Agricultura (183.300) y la Construcción (120.400)[185].

En cualquier caso, es necesario precisar estos datos también por sectores, ya que puede parecer que el porcentaje de mujeres que trabajan en industria (27,9%) se encuentra disgregado entre la mano de obra masculina, realizando las mismas funciones o tareas que sus compañeros varones. Sin embargo y como demuestran los datos oficiales esto tampoco es así, pues lo cierto es que la mano de obra tanto dentro de un mismo sector como dentro de una empresa tiende a segregarse por sexos, ocupando las mujeres aquellos puestos de trabajo no sólo de menor categoría sino también aquellos que históricamente se ha entendido que '*son propios de su género*' (*v.gr.* trabajos de oficina, recursos humanos, limpieza…)[186].

---

183 *Vid.* GALLEGO MONTALBAN, J., «El concepto de centro de trabajo y adscripción de las personas trabajadoras como presupuestos de los derechos de representación en el trabajo a distancia y las empresas digitalizadas», *Iuslabor*, 1/2022, pp. 264.

184 *Vid.* CABEZA PEREIRO, J. y FERNÉNDEZ PROL, F., «Democracia paritaria y relaciones laborales propuestas para una composición equilibrada de los órganos de representación de las personas trabajadoras», *Revista del Ministerio de Trabajo y Economía Social*, nº 155, 2023, pp.126.

185 *Vid. Informe La situación de las mujeres en el mercado de trabajo 2023*, pp.17-18. https://www.mites.gob.es/ficheros/ministerio/sec_trabajo/analisis_mercado_trabajo/situacion-mujeres/Mujeres-y-Mercado-de-Trabajo-2023.pdf

186 *Vid.* BARBA BORDERIAS, V., «La mujer en el mercado de trabajo y la discriminación indirecta: Análisis de los sectores feminizados y masculinizados», *TFM en relaciones de género*.

Por tanto, como se puede observar de los datos ahora expuestos, un análisis meramente estadístico de la realidad podría llevar a la conclusión de que el sector servicios no está altamente feminizado, ya que son solo el 54% de las personas trabajadoras del sector. Sin embargo, es necesario analizar este contraponiéndolo a otra realidad: que la ocupación femenina en este sector supone el 88,9% del total de las mujeres ocupadas, lo que pone de manifiesto que la mayoría de las trabajadoras de nuestro país se encuentran en un sector atomizado, que no cuenta en la mayoría de los casos con representación unitaria. Por ende, se puede afirmar que el empeoramiento de las condiciones de trabajo y empleo en este ámbito conlleva el empeoramiento generalizado del empleo femenino.

Este razonamiento también es extrapolable a la representación sindical, no solo la unitaria, ya que el elenco de requisitos exigidos, *ex* art. 10 LOLS, a efectos de designación de delegados sindicales estará viciado de parecidas consideraciones. Cabe recordar, en este sentido, que el artículo 10.1 de la LOLS establece que «*en las empresas o, en su caso, en los centros de trabajo que ocupen a más de 250 trabajadores, cualquiera que sea la clase de su contrato, las Secciones Sindicales que puedan constituirse por los trabajadores afiliados a los sindicatos con presencia en los comités de empresa o en los órganos de representación que se establezcan en las Administraciones públicas estarán representadas, a todos los efectos, por delegados sindicales elegidos por y entre sus afiliados en la empresa o en el centro de trabajo*».

Por lo que se puede afirmar la obsolescencia del vigente marco de representación unitaria y sindical, con un impacto evidente sobre el conjunto de los trabajadores y también sobre las organizaciones sindicales, singularmente en la configuración del centro de trabajo como circunscripción electoral única y posible o en la elección de «*delegados sindicales de la LOLS en unidades de 250 trabajadores al menos*». Además, se puede afirmar que esta obsolescencia resulta especialmente incisiva en el caso de las trabajadoras. Por lo que la infrarrepresentación de las personas trabajadoras de la que adolece nuestro sistema de representatividad, y que ha sido objeto de reiterada denuncia en la última década por gran parte de la doctrina, tiene, además, un alto grado de feminización[187].

Universidad de Zaragoza, https://zaguan.unizar.es/record/31351/files/TAZ-TFM-2014-042. pdf pp.55.

187 *Vid.* BARBA BORDERIAS, V., «La mujer en el mercado de trabajo y la discriminación indirecta: Análisis de los sectores feminizados y masculinizados», *TFM en relaciones de género. Universidad de Zaragoza,* https://zaguan.unizar.es/record/31351/files/TAZ-TFM-2014-042. pdf pp.55.

3. LA NEGOCIACIÓN COLECTIVA: UNA OPORTUNIDAD MÁS ALLÁ DE LAS MEDIDAS DE CONCILIACIÓN

El Estatuto de los Trabajadores es la norma que ordena las relaciones laborales, dicho de otro modo, es el marco de actuación general, pero el convenio colectivo cumple una función individualizadora de las relaciones laborales, adaptando las leyes a las realidades profesionales.

Sin embargo, tradicionalmente, se ha entendido que los derechos colectivos —como se ha visto en los epígrafes anteriores respecto de la representatividad— eran neutros en términos de género. Y que, por ello, podían mantenerse al margen de los cambios impulsados por concepciones parciales, o no totalizadoras, del principio de igualdad. Esta impermeabilidad al principio de igualdad y su pretendida neutralidad, olvidaba, por un lado, la dificultad de conseguir la neutralidad de la norma jurídica, y por otro, que el trabajador prototipo en la realidad laboral seguía siendo el trabajador varón —el empleo masculino es mayor y de más calidad y, por ende, mantenía un *estatus quo* perjudicial para las mujeres, que se trasladaba sin matices a la negociación colectiva[188].

Si bien es cierto que el legislador ha acometido importantes modificaciones en la legislación laboral tendentes a la efectividad del principio de igualdad entre mujeres y hombre, esas modificaciones se mantuvieron durante décadas al margen de los derechos colectivos (Títulos II —de la representación de los trabajadores en la empresa— y Título III – de los convenios colectivos). Ni la Ley 3/1989, de 3 de marzo, por la que se amplía a dieciséis semanas el permiso por maternidad y se establecen medidas para favorecer la igualdad de trato de la mujer en el trabajo, ni la Ley 39/1999, de 5 de noviembre, para promover la conciliación de la vida familiar y laboral de las personas trabajadoras que han sido los dos más importantes hitos normativos en materia de igualdad en el ámbito laboral desde la Constitución y antes de la LOIMH, contenían una sola norma en la materia de Derecho Colectivo del Trabajo.

No será, por tanto, hasta la Ley Orgánica 3/2007, de Igualdad Efectiva entre Mujeres y Hombres que se incluyan medidas específicas en materia de derecho colectivo. La LOIMH instaura un marco normativo especial para la negociación colectiva de medidas de igualdad entre mujeres y hombres diferenciado del marco normativo general para la negociación colectiva, regulando en su texto «*los planes de igualdad de*

---

188   *Vid.* LOUSADA AROCHENA, J.F., «El marco normativo de la negociación colectiva de medidas de igualdad de mujeres y hombres», en VV.AA., *El principio de igualdad en la negociación colectiva*, LOUSADA AROCHENA, J.F. (Coord.), Ministerio de Trabajo e Inmigración, Madrid, 2008, pp.26-27.

las empresas y otras medidas de promoción de la igualdad» (Capítulo III, Título IV), a la vez que incluye normas sobre el fomento de la igualdad (art.43), planes de igualdad en el empleo público (art.64).

En este contexto, debe tenerse en cuenta que el convenio colectivo tiene como principal objetivo individualizar el marco regulatorio general a sectores o empresas concretos, en esta labor trata de ser un contrapeso a la posición de supremacía del empresario en las relaciones individuales de trabajo. Si ello es así, esa función compensadora justifica la limitación o control del poder del empresario, limitando incluso su uso en aquellos supuestos en los que si se ejerce de manera indiscriminada y abusiva pudiera ser causa de discriminaciones. La negociación colectiva debería erigirse pues en la garantía de control sobre la actuación de la empresa en las conductas de 'no hacer' pero también como guía de actuación para que se creen las condiciones de igualdad real implicando esos poderes en su consecución real[189].

Sin embargo, la importancia de la negociación colectiva en la implementación de la igualdad efectiva entre mujeres y hombres en las relaciones laborales contrasta con la no implicación de muchos convenios colectivos e incluso con la persistencia de muchas discriminaciones, que probablemente no tengan una única explicación o motivo: la escasa participación femenina en las mesas de negociación, la deficiente preparación de los negociadores colectivos, la relegación de la igualdad frente a los temas retributivos, o el arrastre de normas procedentes de situaciones pretéritas.

Es probable que las cuestiones que la negociación colectiva aborda de manera incompleta se puedan estructurar o acumular en tres bloques diferenciados: el primero, en lo concerniente a la brecha salarial. Un segundo bloque sobre cómo se han planteado y abordado las medidas de conciliación de la vida laboral y personal. Y un tercer bloque, más estructural, y cuya deconstrucción será más compleja y más difícilmente abarcable, que es la propia concepción y definición de los sujetos afectados por la negociación colectiva, en la medida en que cada vez son más los sujetos que intervienen en el mercado que tiene dependencia económica —aunque no siempre jurídica— y cuyas actividades se vinculan con el empleo femenino, o el empleo de cuidados.

En lo que respecta al primero de los puntos, debe plantearse que las brechas salariales no es una cuestión que derive de la legislación general, si no de forma intensa a la acción de la negociación colectiva, en especial, en la formulación y elaboración de

---

189   *Vid.* LOUSADA AROCHENA, J.F., «El marco normativo de la negociación colectiva de medidas de igualdad de mujeres y hombres», en VV.AA., *El principio de igualdad en la negociación colectiva*, LOUSADA AROCHENA, J.F. (Coord.), Ministerio de Trabajo e Inmigración, Madrid, 2008, pp.28-29.

las categorías profesionales[190]. Un elemento que la negociación colectiva debe identificar, implantar e implementar de manera correcta para eliminar este primer sesgo es la evaluación de puestos de trabajo con perspectiva de género.

Los sistemas de evaluación y clasificación de puestos de trabajo son herramientas que permiten determinar el valor de dichos puestos y destacar lo que implican. Deben caracterizarse por estar libres de sesgos de género y basarse en criterios objetivos, tales como: 1. las competencias (incluidas la educación, la formación, la experiencia, el conocimiento, las habilidades interpersonales, la resolución de problema y las habilidades organizativas); 2. el esfuerzo (incluido el esfuerzo físico, mental y psicosocial); 3. la responsabilidad (incluida la rendición de cuentas, la responsabilidad con respecto a las personas, los bienes y equipos, así como la información o los recursos financieros); 4. las condiciones laborales (incluida la naturaleza de las tareas implicadas, el entorno organizativo, las aptitudes del entorno físico, psicológico o emocional, el esfuerzo, la responsabilidad y las condiciones de trabajo).

Por tanto, es necesario que la negociación colectiva cuente con herramientas de evaluación de puestos de trabajo que no tenga en cuenta el género, ni estén sesgados por estereotipos. Por ejemplo, a la hora de evaluar un puesto de cuidado debe valorarse en qué medida ese trabajo implica esfuerzo físico (como levantar objetos pesados) y estar expuesto al ruido, a riesgos ergonómicos o a riesgos psicosociales. Un conjunto exhaustivo de criterios puede destacar todos aquellos aspectos del trabajo realizado predominantemente por mujeres, los cuales se suelen pasar por alto con bastante frecuencia[191].

En lo concerniente a la conciliación de la vida personal y laboral es probable que siguiendo el devenir legislativo, la negociación colectiva aceptara en un determinado momento histórico que la corrección de las desigualdades por razón de sexo se corrigiera, o al menos se minimizaran, con la implementación y aplicación de medidas de conciliación. De este modo, los agentes sociales heredaron, en este punto, una premisa de partida errónea compartida por el propio legislador: la conciliación, en su propia esencia y definición ha sido definida o abordada como una problemática puramente femenina[192]. Como ya se dijo anteriormente, la concepción de la conciliación se

---

190 *Vid.* MARTÍNEZ MORENO, C. *Brecha salarial de género y discriminación retributiva: causas y vías para combatirla*, Editorial Bomarzo, Albacete, 2019, pp.42-62.

191 *Vid.* VV.AA. «Negociación de la igualdad retributiva por trabajos de igual valor. Lista de comprobación de la CES», disponible en https://www.etuc.org/sites/default/files/page/file/2023-04/New-Frontiers-for-Collective-Bargaining-Equal-pay-ES_V1.pdf, pp.4.

192 *Vid.* TORNS, T., «De la imposible conciliación a los permanentes malos arreglos», *Cuadernos de relaciones laborales*, nº 23, pp.17.

construye desde la idea de que ellas se ocupan del trabajo reproductivo y que, cuando se incorporan al mercado, deben ofrecérsele medidas o facilidades para que compatibilicen ambos. Esta idea en principio no les atañe a ellos y cuando se ha planteado la necesidad de un reparto del trabajo reproductivo ya se habla de corresponsabilidad[193].

Esta concepción hace que se tenga una visión parcial de las medidas de conciliación que hace que no sean plenamente operativas ni en el marco de la legislación general, ni cuando se individualizan por sectores a través de la negociación colectiva, por lo que la dimensión o comprensión global de los cuidados sigue estando desatendida. Además, la dispersión característica de la negociación colectiva —que otorga un poder de creación normativa de carácter difuso al no aparecer concentrado en pocos sujetos— dificulta actuar sobre esas circunstancias, incluso a los sujetos colectivos que aglutinan a empresarios/as y a trabajadores/as.

Sabemos que para cuidar se necesita tiempo, dinero y servicios, y si bien alguna de las citadas dimensiones sí se incluyen en los convenios colectivos, otras no se han aun incorporado. Para poder tener una implantación completa de los cuidados debería abordarse de manera específica e individualizada —por lo que el cauce más idóneo es la negociación colectiva— al menos tres vertientes diferenciadas: la primera sería la consistente en tiempo de cuidado (consistente en licencias por maternidad y paternidad, permisos por enfermedad de hijos/as o familiares, excedencias por cuidados…). La segunda sería dinero para cuidar (que podría traducirse en prestaciones por nacimiento de hijo, becas o ayudas escolares, becas o ayudas para el transporte o servicios de conciliación). Y, por último, estaría la vertiente de 'servicios de cuidado' (centros de cuidado en espacios de trabajo para la infancia hasta la edad de escolarización obligatoria, salas de lactancia —superando el concepto vinculado a la ley de prevención de sala de extracción de leche—, etc.)[194].

Por último, cabe plantearse que existe otra cuestión más compleja y estructural sobre la negociación colectiva y la igualdad y es la relacionada sobre cómo deben abordarse las formas de trabajo atípicas, muy vinculadas a empleos feminizados, con una fuerte dependencia económica, pero no siempre jurídica. Estas formas de trabajo informal se feminizan en muchas ocasiones por que son la mercantilización del denominado trabajo reproductivo. Cuando las mujeres no pueden cubrir todas las

---

193 *Vid.* PICCHIO, A. «El trabajo de reproducción, tema central del análisis del mercado de trabajo», en VV.AA., BORDERÍAS, C., CARRASCO, C. y ALEMANY, C., *Las mujeres y el trabajo*, Rupturas conceptuales, 1994, pp. 451-490.

194 *Vid.* ELA, *Los cuidados en la agenda sindical*, UNICEF, 2021, pp. 11-12, disponible: https://ela.org.ar/wp-content/uploads/2023/07/2021-Los-cuidados-en-la-agenda-sindical.pdf.

necesidades de cuidado que se generan en el seno familiar estas entran en el mercado de trabajo, pero no se modifica su concepción sobre aquellas y se sigue considerando trabajo poco cualificado y de bajo valor, lo que supone que no supere los estándares mínimos para considerarlo empleo de calidad, ni siquiera en muchas ocasiones empleo formal. Esta falta de protección ha supuesto que en algunos sectores —muy vinculados a la prestación de cuidados— se opte por formas jurídicas al margen del trabajo asalariado, buscando la autoprotección, como, por ejemplo, las cooperativas.

Este planteamiento reabre el interrogante de por qué mantener a estas personas trabajadoras al margen de la protección propia del Derecho del Trabajo, al menos en lo que respecta a aquellas condiciones mínimas, o las esenciales, para poder seguir hablando de trabajo decente. Es curioso cómo una misma práctica, la negociación colectiva, puede ser un derecho fundamental para un asalariado y, sin embargo, desconocida para las personas autónomas, cuando ambos pueden encontrarse en una situación similar de dependencia del mercado. No es una situación sostenible, y seguramente el mayor debate laboral para la próxima década será la reubicación de las instituciones colectivas, hoy prácticamente confinadas al espacio del trabajo asalariado. La presencia de la acción sindical en la totalidad del mercado de servicios profesionales supondría sin duda una mejora de las condiciones económicas y de trabajo de las personas que operan en este.

En esta construcción de un régimen jurídico sólido para las nuevas fórmulas de trabajo, también debería intervenir la negociación colectiva. A pesar de que la negociación colectiva extra-laboral sigue siendo un tema controvertido, empiezan a observarse tímidos avances en la materia. Así, existen convenios colectivos que en su ámbito personal y/o funcional incluyen trabajadores autónomos y socios laborales de cooperativas. Por citar algunos ejemplos, el artículo 2 del CC de SAD de Castilla y León establece que *«El presente Convenio Colectivo regula y es de aplicación obligatoria a las condiciones de trabajo entre todas las personas físicas o jurídicas, afectando a todas las empresas tanto de capital privado como público (de aportación municipal, autonómica, estatal, etc.), asociaciones, cooperativas, autónomos, etc. y sean cualesquiera las fuentes de sus ingresos, aportaciones de cualquier tipo, facturación, subvenciones y cualquiera otra modalidad, y quienes les prestan servicios laborales, de acuerdo con la legislación vigente; siempre y cuando se dediquen, las personas empleadoras, a la prestación de servicios de ayuda a domicilio»*.

De una manera similar, el CC. Del SAD de Galicia establece *«este convenio colectivo regula las condiciones de trabajo de todas las empresas, cualquiera que sea su forma jurídica (empresario/a individual, asociaciones, cooperativas, autónomos/as, etc.), dedicadas a la prestación del servicio de ayuda a domicilio y las de las personas trabajadoras que prestan sus servicios en las mismas»* (art.2) . Así, también el Convenio del SAD de Asturias prevé que *«el presente Convenio regula y es de aplicación obligatoria a las condiciones de trabajo entre todas las personas físicas o jurídicas, afectando a todas las empresas, asociaciones, cooperativas, autónomos, etc., y sean cualesquiera las fuentes de sus ingresos, aportaciones de cualquier tipo, facturación, subvenciones y cualquiera otra modalidad, y quienes les prestan servicios laborales, de acuerdo con la legislación vigente; siempre y cuando se dediquen, las/os empleadoras/es, a la prestación de servicios de ayuda a domicilio, o a aquellos servicios socio/sanitarios que complementen la Ayuda a Domicilio»* (art.2) .

El legislador no puede permanecer al margen de una nueva realidad social y económica que supera el marco normativo de aplicación, sobre todo cuando la falta de regulación ocasiona perjuicios graves en el ejercicio de derechos y libertades constitucionalmente reconocidos (sindicación, huelga, negociación, vigilancia de la seguridad y salud en el trabajo). Y que tiene una clara implicación desde la perspectiva de género, ya que la economía informal tiene mucho que ver, como ya se apuntó, con la entrada en el mercado productivo de trabajo reproductivo.

La persona trabajadora sigue siendo identificada por la normativa laboral con el concepto de trabajador asalariado (hombre, blanco, blue collar), y es visto como un sujeto homogéneo, que comparte idénticos intereses que sus iguales, lo que implica que su inserción grupal no sólo se organiza en asociaciones que verdaderamente lo representan como clase, sino que, como grupo, es titular de derechos que traspasan la dimensión individual y se imponen a ella, pero su diversificación y pluralidad dificulta que las antiguas estructuras reguladas bajo una lógica binaria —de quien ostenta los medios de producción y quienes venden la fuerza de trabajo— pueda dar respuestas ajustadas a toda la nueva variedad de formas de producción.

La clave del enfoque es el rescate del poder organizativo de los sindicatos, enfatizando en su capacidad de configurar redes con los movimientos sociales, estructuras capaces de dotar de una identidad y una capacidad de agencia a sujetos débilmente insertos —o incluso excluidos— del mercado laboral y cuya inscripción en tanto actores sociales remite al territorio, al barrio o a la comunidad. La apuesta no es otra que la recomposición de la clase trabajadora sobre la base de la solidaridad con demandas no restringidas a la negociación colectiva[195].

---

195 *Vid.* ARRIAGA, A.E. y MEDINA, L. «Activismo de género en las organizaciones sindicales. Reivindicaciones y estrategias emergentes en los encuentros nacionales de mujeres», *Revista Trabajo y Sociedad*, nº34, 2020, pp. 160.

En efecto, el trabajo es uno de los conceptos jurídicos más fértiles en sentido descriptivo, normativo y valorativo, y de los más relevantes por su capacidad de incidencia en las condiciones de desarrollo de los derechos y sobre el conjunto de transformaciones, cambios y cotidianas revoluciones que van más allá de lo laboral y alteran y definen nuestro estatuto vital en sentido amplio. Así, se puede afirmar que el escenario actual —posmoderno, complejo, diverso, global, transnacional, precarizado, en crisis…— carece de un modelo estable, homogéneo y universal de trabajador que, aunque fue y sería muy útil para garantizar la continuidad de la estructura económica, política y social, ya ha sido sustituido por otro modelo distinto, el de una sociedad de personas de muy variadas necesidades, expectativas, capacidades y posibilidades, que cuando actúan en el papel de trabajadores y trabajadoras, ya no encajan en la concepción estática de una pieza de la producción .

En este contexto, comienza a haber voces dentro de la doctrina que propugnan la creación de una figura intermedia entre el trabajador por cuenta ajena y el trabajador autónomo, que extienda determinadas regulaciones de derecho del trabajo más allá de los límites tradicionales de la disciplina.

La consecuencia es que el Derecho del Trabajo, si de verdad quiere seguir cumpliendo su misión histórica, debe adaptar su actuación para tratar adecuadamente al trabajo asalariado y para incluir al que no lo es. Ya que no debe olvidarse que cuando se trata de eludir la aplicación del ordenamiento laboral, las disposiciones cuya aplicación pretende evitarse, se encuentran en un lugar destacado todas las relacionadas con la acción y representación colectiva de las personas trabajadoras. Pero también se puede afirmar lo contrario: cuando se busca expandir el derecho del trabajo se hace también por su acción colectiva.

4. LA ORGANIZACIÓN DE LAS MUJERES AL MARGEN DE LAS ESTRUCTURAS SINDICALES CLÁSICAS: ¿UNA NUEVA FORMA DE HACER SINDICALISMO?

La crisis de las organizaciones sindicales para sortear los desafíos de una economía globalizada, así como de la heterogeneización, que incluye diversas formas de precariedad e informalidad de las fuerzas del trabajo, ha derivado en una serie de debates y nuevas experiencias sobre las transformaciones del sindicalismo, un nuevo escenario de acción y sobre sus potencialidades, como forma de organización del trabajo. Desde esa preocupación emerge el primer núcleo de debates ligados a la noción de 'nuevo sindicalismo' o 'sindicato de movimiento social' enfocado en las estrategias para ampliar las bases de representación.

La institucionalización de la actividad sindical tiene un destacado sentido histórico y ha otorgado décadas estables de paz social a nuestro país, pero puede estar teniendo ya síntomas de enorme debilidad tras los cambios sociales y de las relaciones laborales en el tiempo de hoy. La distancia entre el actor sindical y sus destinatarios puede estar creciendo en exceso, y son numerosos los colectivos huérfanos de autonomía contractual, que no terminan de percibir los beneficios de esta acción institucional[196].

En este contexto no resulta extraño que muchos de esos actores que se quedan al margen de las estructuras sindicales clásicas sean sectores altamente feminizados. Por lo que se hace necesario un análisis de estas experiencias en dos sentidos: el primero saber qué ha llevado a la ruptura, desconexión y desafección de estos colectivos de trabajadoras de las centrales sindicales clásicas. Y dos, reflexionar si los sindicatos pueden y deben aprender de estas nuevas fórmulas organizativas para eliminar sesgos de género en su composición y acción sindical.

En este planteamiento podrían encajarse nuevas fórmulas asociativas como las trabajadoras del SAD, las Kellys, las Jornaleras en Lucha de Huelva, o el Sindicato Agrario Gallego de Mujeres. Como ya se ha puesto de manifiesto en múltiples ocasiones, las mujeres trabajadoras se han enfrentado a una protección sindical relativamente menor a la de los hombres por los efectos de la división sexual del trabajo sobre la asignación de las labores reproductivas, productivas y sobre la construcción de un patrón sindical concreto.

Sin embargo, lo primero que llama la atención cuando se analiza este fenómeno es que su mayor valor consiste en recuperar antiguas formas de encuentros basados en la lógica del primer sindicalismo, de reunirse fuera de los lugares de trabajo. Parece que estas nuevas formas de lucha recuperan de alguna manera el elemento previo o pre-jurídico del movimiento sindical antes de su institucionalización.

Y, precisamente, que sean fórmulas de trabajo que desbordan el trabajo asalariado, con un componente de género muy marcado, que hace que no se identifiquen con el trabajador masculinizado prototipo de la legislación laboral, probablemente explique que se haya optado por las vías asociativas, en vez de las sindicales en sentido estricto.

De esta forma, no se construye solamente una identidad colectiva de las trabajadoras del hogar y cuidados propia del movimiento obrero, sino que las múltiples identidades emergentes pueden ser transitorias (sin papeles, activistas, académicas, artistas, cocineras, trabajadoras) posibilitando que este sea un lugar de reunión de

---

196 *Vid.* LAHERA FORTEZA, J., «Representación y representatividad sindical: puntos críticos y propuesta de reforma», *Papeles de economía española*, nº 156, pp. 23.

diversas mujeres que se organizan para dignificar, reivindicar y crear nuevos espacios para la vida[197].

Por todo ello se han seleccionado como objeto de reflexión dos experiencias de organizaciones de mujeres al margen de las estructuras sindicales clásicas, que en cierta manera responden a activades excluidas tradicionalmente del concepto de trabajo productivo: los cuidados (vinculados al trabajo reproductivo: las trabajadoras de piso, *'las Kellys'*) y la agricultura (excluida durante años de la regulación laboral ordinaria que se centraba en el trabajo industrial: las jornaleras en lucha de Huelva).

En el año 2014 las camareras de piso comienzan tejiendo redes de apoyo mutuo a través de las redes sociales y culminan dos años más tarde con la fundación de la *'Asociación de Las Kellys'*, vinculada a todo el territorio español, pero con presencia en los puntos del Estado más afectados por el turismo: Barcelona, Benidorm, Cádiz, Fuerteventura, Lanzarote, Mallorca, Madrid, y recientemente, La Rioja y Gran Canaria. En algunos territorios han logrado, incluso, superar el fenómeno asociativo y constituirse como sindicato, como, por ejemplo, en Cataluña.

Las Kellys nacen, pues, como una asociación de camareras de piso, y son un ejemplo representativo del fenómeno expuesto, en el que entrelaza una profesión vinculada a los cuidados en régimen asalariado en un sector altamente precarizado como es la hostelería. Las Kellys deciden autoorganizarse, verificándose así en el sector formas alternativas de organización y gestión del conflicto. Probablemente porque sea la vía más idónea o instrumental de recobrar la iniciativa en aquellos sectores en los que no existe la representación unitaria y el sindicato ha quedado desconectado o relegado por los problemas de representatividad y organización expuestos en los epígrafes precedentes.

Con su asociación, han conseguido construir una organización de la clase trabajadora de características comparables a las estructuras de los sindicatos tradicionales, pero han superado el marco de negociación altamente corporativizado del sindicalismo tradicional[198], poniendo en valor las necesidades específicas del colectivo. Una cuestión destacable es que se oponen a la fórmula clásica basada en la delegación, ya que entienden que esta limita la participación y facilitan que no se tengan en cuenta

---

197 *Vid.* FULLADOSA, K., Sindicalismo ¿continuidad o ruptura? Reflexiones compartidas en torno a la acción colectiva con las trabajadoras del hogar y el cuidado, *Revista de Psicología, Conocimiento y Sociedad*, Vol. 5, nº 2, 2015 (Ejemplar dedicado a: Trazos para una Psicología Comunitaria del siglo XXI), pp. 76.

198 Moral-Martín, 2020

peticiones legítimas provenientes de colectivos con escasa capacidad de incidencia en las prioridades de la agenda sindical, como les ocurre a ellas[199].

Así pues, las Kellys optan por el asamblearismo en favor de los intereses de sus afiliadas y las conveniencias de la organización. Esta nueva modalidad sindical les permite lograr una organización menos jerárquica y más participativa en donde las prácticas distan de los escenarios masculinizados, llenos de actitudes sexistas e infravalorización de la labor sindical femenina. Ejemplo evidente de esto es el sindicalismo del bizcocho practicado por Las Kellys. Resumidamente, consiste en encontrarse candidatas a afiliarse en la casa de una de las militantes y compartir una merienda, a base de este dulce. Durante la misma se va gestionando su proceso de ingreso en la asociación y de planteamiento de conflictos y reivindicaciones.

Esta modalidad de acción sindical se encuentra también en el derecho comparado[200], así en el sector de ayuda a domicilio francés se definen las estrategias sindicales (como también se dan en otros ámbitos profesionales claramente feminizados) como "*réunions 'entre femmes' —comme le style qu'elles leur donnent— avec une participation sur un mode horizontal*"[201]. El objetivo de estas nuevas fórmulas o planteamientos es ensayar otros tipos de encuentros más abiertos —que el que puede proporcionar directamente el criterio de afiliación— para ensanchar la base de participación de las trabajadoras del sector «*ces pratiques genrées qui rendent possible le processus de syndicalisation, en créant des collectifs favorisant la prise de parole de travailleuses situées au bas de l'échelle sociale*»[202].

Su fuerte lucha política las ha llevado a posicionarse en el debate público y se han erigido como uno de las referentes más importantes del sindicalismo feminista, repolitizando el concepto de cuidado capaces de tomar una visión global de la problemática femenina en el sistema patriarcal y capitalista. Sus reivindicaciones laborales son transversales, aplicando en su análisis y propuesta la perspectiva de género. Así, no solo piden mejoras en la planificación y prevención de riesgos —exigen

---

199 Cañada, 2015

200 *Vid.* MORAL MARTÍN, D., «Sindicalismo en el S.XXI cómo refutar su anticipado declive», *Revista Barataria*, 2019, pp.311, disponible en https://acmspublicaciones.revistabarataria.es/wp-content/uploads/2023/05/27-Moral-Sindicalismo-siglo-XXI-2019-2023-pp302-314.pdf

201 *Vid.* BÉROUD, S. «Precarizaciones salariales y resistencias sociales: ¿Hacia una renovación de la mirada sociológica desde el caso francés?», *Cuadernos de Relaciones Laborales*, Vol. 31, Núm. 2, 2013, pp. 121-127.

202 *Vid.* BÉROUD, S. «Precarizaciones salariales y resistencias sociales: ¿Hacia una renovación de la mirada sociológica desde el caso francés?», *Cuadernos de Relaciones Laborales*, Vol. 31, Núm. 2, 2013, pp. 121-127.

estudios ergonómicos para limitar las cargas de trabajo—, la revisión del catálogo de enfermedades profesionales con perspectiva de género, sino que incluyen entre sus reivindicaciones la aprobación de coeficientes reductores en la edad de jubilación, dado el desgaste físico de las trabajadoras del sector.

De todas maneras, existen limitaciones que hacen que Las Kellys, en muchos casos, no puedan desarrollarse al nivel de las centrales sindicales. Entre ellas, la principal es la incapacidad de constituir un sindicato oficial en el Estado español y, por tanto, se restringen los recursos y su poder institucional. Para la construcción de un sindicato se necesita una infraestructura en la que existan personas con formación que trabajen para el sindicato, se dediquen en exclusiva a ello y resuelvan los problemas y dudas de las trabajadoras. En casi todos los territorios, a excepción del Sindicato de Las Kellys Cataluña, estas necesidades son muy difíciles de abarcar. A diferencia de las centrales sindicales, carecen de política de cuotas con el fin de atraer la afiliación[203]. Las Kellys constituyen una experiencia de sindicalismo propia que no sólo no atomiza, sino que revitaliza el movimiento obrero y sindical. Su lucha podría incluso ser compatible con la actuación de los sindicatos de clase.

Aquí es dónde se aprecia una de sus mayores debilidades, que, al ser un sindicato de gremio, nunca conseguirán la fuerza mayoritaria dentro de un hotel, lo que condicionaría su actuación como sindicato. Por tanto, reivindica la necesidad de revolucionar los sindicatos tradicionales desde dentro, ya que la creación de sindicatos de gremio a nivel nacional parece que no contaría con el apoyo de los sindicatos mayoritarios y el planteamiento no debería ser asociaciones sesgadas por oficios, sino que se integrara la perspectiva de género en la lucha por los intereses del conjunto de la clase obrera.

La experiencia de las Kellys debería suponer un punto de inflexión para las organizaciones sindicales desde la perspectiva de la organización social de los cuidados. La incorporación del cuidado en clave de condiciones de trabajo desde una perspectiva de equidad y derechos, y por otro lado la persistencia de una concepción del cuidado como asunto privado, familiar y centralmente femenino, cuya transformación está en manos, en última instancia, de los sujetos individuales debe ser superada en favor de un pacto colectivo o social de cuidados en el que se involucre no solo el Estado, si no las organizaciones sindicales, los agentes sociales y los trabajadores y trabajadoras.

---

203 *Vid.* CASTELLANO DÍAZ, J., «¿Hacia un sindicalismo feminista? Un análisis de la lucha de Las Kellys», *Papeles de Europa*, nº 35, 2022.

El otro fenómeno que se propone analizar es de las Jornaleras en Lucha de Huelva. Las Jornales de Huelva en Lucha se autodefinen como un sindicalismo feminista basado en la autoorganización de las trabajadoras. Este movimiento surge, de la denominada campaña de '*fresas sin derechos*', que denunció la situación de precariedad y la falta de garantías laborales y sanitarias que sufrían cada año, durante los tres meses que duraba la recogida de la fresa, alrededor de 13.000 mujeres, muchas de ellas migrantes.

Las jornaleras denunciaron los bajos salarios, las largas jornadas de trabajo, y la imposibilidad de consolidar ningún tipo de derecho, incluso llevando dieciséis años en la fresa con contratos continuados de obra y servicio. La situación del campo de Huelva resulta tan precaria que en ocasiones necesitan compatibilizarlo con otros trabajos porque el salario no llega, no ya para un mínimo ahorro, sino para la supervivencia diaria. Trabajan bajo una normativa laboral, la del Convenio del campo de Huelva, cuyos incumplimientos resultan difíciles de denunciar por el temor, fundado, a duras represalias y por la inacción de la Inspección de Trabajo. Sus condiciones de trabajo incluyen la vigilancia para controlar su producción (para lo que les ponen un chip), el control de sus movimientos, de la vestimenta, de lo que hablan, incluso del momento para ir al baño (para lo que tienen que apuntarse en una lista).

En el caso de las jornaleras de Huelva se plantea una problemática que antes se enunció en el marco teórico (*vid.* Cap.I.3) que es la discriminación interseccional, y que evidencia de manera acuciante que el movimiento sindical debe incorporar planteamientos específicos para combatirla. En este contexto, debe recordarse que el concepto de discriminación interseccional atiende a las relaciones de poder que se efectúan sobre ciertos sujetos que cuentan con varias categorías que les producen discriminación, que funcionan todas simultáneamente y no como un simple sumatorio. Y en las que, a partir de la existencia de dichas discriminaciones la situación de desventaja se ve agravada porque cada categoría afectada es una red de poder que ejerce su dominio sobre el cuerpo afectado. La interseccionalidad genera sistemas de opresión en el que los grupos de personas oprimidas no son homogéneos. Al unirse diferentes categorías discriminatorias se produce un conjunto distinto de las anteriores, es decir, no tratamos como separadas cada categoría discriminatoria, obligándonos atender cada discriminación interseccional en su conjunto y obteniendo como resultado un producto discriminatorio único.

Llevando este marco teórico al caso expuesto ahora, los testimonios recogidos sobre este fenómeno sindical ponen de manifiesto que sus planteamientos suponen una decida apuesta por un feminismo que lucha por mejorar las condiciones materiales de vida de mujeres sometidas al abuso sistemático y en un contexto patriarcal, racista, capitalista y ecocida. Pastora Filigrama, de la cooperativa de abogadas de Sevilla, declara: «*alguna vez ya dije que la comarca de la fresera de Huelva es un laboratorio donde podemos ver cómo funciona este sistema que entrecruza la violencia del capitalismo, el patriarcado, el racismo y la explotación de la tierra y los recursos naturales. Todas las vertientes del sistema neoliberal en una sola comarca*»[204].

La acción de sindicalismo feminista de la Asociación de Jornaleras de Huelva en lucha anima a las temporeras a organizarse [«*Luchamos por cambiar las condiciones de trabajo y de vida de todas las temporeras, para conseguir derechos para todas porque es de justicia y necesario para enfrentar la estrategia patronal del 'divide y vencerás', un viejo mecanismo para que el miedo frene la protesta y para arrastrar a la baja los salarios y precarizar todavía más las condiciones de vida y de trabajo de todas*», según explican].

El planteamiento de la acción colectiva de las Jornaleras en Lucha de Huelva interpela directamente al sindicalismo clásico y al movimiento feminista. Al primero, porque le recuerda que «*mientras haya bolsas de pobreza de gente sin papeles, ninguna lucha sindical va a llegar a buen puerto, porque siempre habrá una mano de obra con miedo, barata y explotable con la que intercambiarnos si protestamos*». Esto pone sobre la mesa de manera clara y evidente que no se han construido estrategias para combatir la discriminación interseccional y que siguen siendo «*las más pobres a las que se les puede desposeer de derechos más impunemente: esas son las mujeres racializadas con estatus migratorios, que las hace vulnerables*»[205].

Por otro lado, su acción también interpela directamente al feminismo clásico, ya que 2018, saltó a los medios y las redes sociales la denuncia de varias jornaleras por abuso sexual, que sin embargo fue obviado por la mayoría de los movimientos de mujeres. La organización de las jornaleras, su lucha y resistencia, su feminismo sindicalista interpela la capacidad del movimiento feminista para ser inclusivo [¿*Acaso no valen lo mismo todas las vidas o todos los cuerpos?*] y pone en valor la necesidad de crear movimientos sociales y sindicales con capacidad para articular la lucha por las condiciones materiales de vida de todas las que están atravesadas por las violencias.

Por ello, las Jornaleras de Huelva también suponen un punto de inflexión y reflexión para todo el movimiento sindical si quiere avanzar en la igualdad real entre

---

204 *Vid.* MONTERO COROMINAS, J. «El feminismo de las jornaleras de Huelva», *El viejo Topo*, junio 2021, disponible en https://www.elviejotopo.com/topoexpress/el-feminismo-de-las-jornaleras-de-huelva/

205 *Vid.* MONTERO COROMINAS, J. «El feminismo de las jornaleras de Huelva», *El viejo Topo*, junio 2021, disponible en https://www.elviejotopo.com/topoexpress/el-feminismo-de-las-jornaleras-de-huelva/

sexos: «*que dejen la violencia de algunos debates, que miren las condiciones de vida de las mujeres, que se sumen a nuestras luchas, feministas, antirracistas y ecologistas, que son también las luchas de las kellys, de las trabajadoras sexuales, de las empleadas de hogar, de las trabajadoras sanitarias, y que deberían ser también las luchas de todas*». Se plantea así un sindicalismo feminista de base que no deje a ninguna fuera y ponga la vida digna de todas las mujeres en el centro[206].

El informe jurídico sobre la situación de las jornaleras en los campos de fresa de Huelva[207] incluye, a este respecto, propuestas para fortalecer mecanismos de tutela y acción colectiva para estas trabajadoras. En lo que se refiere al planteamiento sindical se propone «*incitar y estimular a las organizaciones sindicales para que ejerzan sus competencias y facultades legales de actuación. En concreto, para que al amparo del art. 1 c) LOLS, los cargos electivos a nivel provincial, autonómico o estatal de las más representativas puedan, previa comunicación al empresario, asistir y acceder a los centros de trabajo para participar y organizar actividades de información, atención y apoyo a estas trabajadoras*».

Además, se interpela a los poderes públicos para que fomenten y faciliten el uso de medios de acción similares para otras asociaciones representativas del sector, que permita a las jornaleras tener acceso efectivo a los servicios y acciones que aquellas, en cumplimiento de los fines que les son propios, puedan desarrollar (arts.13.1, 31 y concordantes de la LO 1/2002, de 22 de marzo, reguladora del Derecho de Asociación).

Al final, estas experiencias deberían nutrir la experiencia sindical, permitiendo que el sindicato recupere la iniciativa en sectores en los que claramente ha sufrido un distanciamiento y una desconexión. Y ello debería ser así porque el sindicato no deja de ser, al fin y al cabo, la herramienta más útil para proteger los derechos y las condiciones de vida de las personas trabajadoras, como así lo tiene asignado por mandato constitucional (art.7) y para ello tiene garantizado un espacio de autotutela mayor que otro tipo de organizaciones u asociaciones. Pero para ser útil a estos nuevos planteamientos debe afrontar y revisar cuales son las medidas de acciones sindical y de qué manera se deben ejercer los derechos de acción colectiva. Se debe asumir que

---

206 *Vid.* MONTERO COROMINAS, J. «El feminismo de las jornaleras de Huelva», *El viejo Topo*, junio 2021, disponible en https://www.elviejotopo.com/topoexpress/el-feminismo-de-las-jornaleras-de-huelva/

207 *Vid.*, FILIGRANA GARCÍA, P.; LALANA ALONSO, B.; MARTÍNEZ MORENO, C.; RAMOS ANTUÑANO, T., *Informe jurídico la situación de las jornaleras en los campos de fresa de Huelva*, Brigada de información feminista, mayo 2012, pp.50, disponible en https://jornalerasenlucha.org/wp-content/uploads/2021/02/InformeJuridicoBrigadaDeObservacion-JornalerasDeHuelvaEnLucha.pdf

en contexto de precarización extrema su labor y actuación debe ser más amplia, y la autotutela no puede limitarse al espectro laboral, si no que debe alcanzar un grado de protección mayor (integridad física, sexual, moral…).

5. EL CASO DEL SINDICATO OTRAS: UNA REFLEXIÓN MÁS ALLÁ DE LA STS DE 2021

Una cuestión que ha resultado especialmente controvertida en los últimos años y que hunde sus raíces en distintos planteamientos de género y en las nuevas fórmulas de acción colectiva y organización sindical de las mujeres, ha sido la legalización del sindicato OTRAS (Organización de Trabajadores Sexuales). La resolución de la Dirección General de Trabajo de 31 de julio de 2018 (publicada en el BOE el 4 de agosto) declaró la constitución del sindicato OTRAS (Organización de Trabajadoras Sexuales) y se procedió al depósito de sus estatutos sindicales.

El depósito de los Estatutos del sindicato fue inmediatamente impugnado, al entenderse que su ámbito funcional (art.4) admitía la sindicación de quienes ejercen la prostitución por cuenta de un tercero, lo que viene a implicar tanto la laboralidad de dicha actividad y el reconocimiento como parte empresarial en el contrato de trabajo de aquellas personas o entidades dedicadas al proxenetismo. Esto supondría, a su vez, el reconocimiento así mismo de tales personas o entidades como interlocutores válidos a efectos colectivos, lo que resultaría contrario a lo dispuesto en los artículos 1.1 y 2; 2.1 y 3 LOLS.

La controversia fue inicialmente resuelta por la SAN de 19 de noviembre de 2018 (proc. núm. 258/2018). La resolución señala que el ámbito funcional de los estatutos del sindicato OTRAS *«comprende tanto actividades respecto de las que no cabe duda que pueden ejercerse en el marco de una relación laboral como son las referidas al alterne —entendiendo por tal la incitación al consumo en establecimientos abiertos al público mediante la provocación de deseo sexual al cliente—, la pornografía, la participación en espectáculos públicos con connotaciones eróticas…— como el ejercicio de la prostitución bajo el ámbito organicista y rector de un tercero, lo cual como se ha dicho no resulta un objeto válido en el marco del contrato de trabajo»*.

A juicio de la Sala esto supone la ilegalidad manifiesta de los mismos ya que si estos fueran admitidos las consecuencias resultarían contrarias al ordenamiento jurídico en la medida en que supondría: a) dar carácter laboral a una relación contractual con objeto ilícito; b) admitir que el proxenetismo —actividad que el Estado se ha comprometido a erradicar— es una actividad empresarial lícita; c) admitir el derecho de los proxenetas a crear asociaciones patronales con las que negociar condiciones de trabajo y frente a las que pudieran adoptar medidas de conflicto colectivo:: d) asumir de forma colectiva la organización demandada y que los proxenetas y sus asociaciones puedan negociar las condiciones en las que debe desarrollar la actividad de las personas empleadas en la prostitución, disponiendo para ello de forma colectiva, de un derecho de naturaleza personalísima como es la libertad sexual.

La decisión de la Audiencia Nacional fue recurrida por las promotoras del sindicato al entender aquellas que el ámbito funcional del sindicato abarca «*actividades relacionadas con el trabajo sexual en todas sus vertientes*». Ya que, además de la prostitución el trabajo sexual incluye actividades cuyo carácter laboral resulta incuestionable como son la que realizan los denominados trabajadores de alterne, los bailarines eróticos, los actores porno y aquellas personas que prestan servicios en centros de masajes, con cita de la sentencia dictada en el asunto '*Mesalina*'[208]. Asimismo, sostienen que nada impide que las prostitutas puedan ejercer su derecho de libertad sindical a través de OTRAS, porque así lo afirma el art. 28.1 CE al señalar que «*todos tienen derecho a sindicarse libremente*» y el art. 2.2 d) LOLS al referirse a que la actividad sindical puede realizarse «*en la empresa o fuera de ella*».

---

208 En junio de 2003 la Asociación Nacional de Empresarios «Mesalina» (ASNEM) presentó ante la Administración laboral una solicitud de depósito de estatutos, acompañada del acta de constitución de una entidad empresarial acogida a la Ley 19/1977. La asociación patronal en cuestión tenía como fines la defensa y promoción de los intereses de sus empresarios asociados y, en concreto, la negociación colectiva laboral, los conflictos de trabajo, el diálogo social y la participación institucional. Pero su ámbito presentaba la peculiaridad de incorporar como asociados a los empresarios dedicados a «la actividad mercantil consistente en la tenencia o gestión (…) de establecimientos públicos hoteleros destinados» a prestar servicios a «terceras personas, ajenas al establecimiento, que ejerzan el alterne y la prostitución por cuenta propia». La Administración advirtió sobre la necesidad de rectificar la referencia a la prostitución, señalando que en el ordenamiento jurídico español esa «actividad no se reconoce como actividad por cuenta propia, ni ajena». La rectificación no se realizó, lo que motivó el rechazo del depósito y, presentada demanda ante la Sala de lo Social de la Audiencia Nacional, la misma fue estimada por sentencia de 23-12-03; decisión confirmada por el Tribunal Supremo en la STS 27-11-04, que reitera que la referencia a la prostitución por cuenta propia es solo una delimitación del ámbito sectorial en que actúa, razonando que, si las empresas que integran la asociación «son titulares de los establecimientos hosteleros» que «necesitan para su funcionamiento de personal laboral (camareros, limpiadoras, etc.)», es claro que esas empresas pueden crear una asociación patronal para intervenir en los problemas que se deriven de esas relaciones laborales. Se trata de una obviedad, pues las personas dedicadas al alterne o a la prostitución por cuenta propia no son, según los estatutos, trabajadores de los empresarios asociados, sino clientes de éstos. Ahora bien, la sentencia va más lejos que los estatutos, pues admite que quienes presten servicios de «alterne laboral», pueden ser trabajadores al servicio de los empresarios asociados, reiterando así un criterio jurisprudencial ya consolidado en ese momento.

Resulta evidente que la controversia que se encuentra en el trasfondo de esta polémica no es el ejercicio de las libertades sindicales y los derechos de acción, sino una nueva manifestación de uno de los debates que más divide al feminismo moderno que es la cuestión de cómo debe abordar el ordenamiento jurídico la prostitución: el abolicionismo o la regulación (también llamado pro-derechos).

Así se pone de manifiesto en las distintas interpretaciones doctrinales que se han hecho de la SAN de 19 de noviembre de 2018. Un sector doctrinal acoge de buen grado la interpretación hecha por la Audiencia Nacional al entender que no existe ningún ámbito de trabajo en el que la cuestión de género sea tan evidente y se manifieste la desigualdad de manera tan flagrante. Estas autoras entienden que en el ejercicio de la prostitución se excede totalmente de los límites mínimos de la normativa laboral, ya que la empresa puede vender o disponer del uso del cuerpo de sus trabajadoras como objeto de negocio, o puede imponer a sus trabajadoras el intercambio sexual con los clientes. El respeto a la indemnidad sexual de las mujeres es un límite que no puede traspasar la empresa, al igual que cualquier otra clase de imposición directa o indirecta, que afecte a los demás derechos o libertades fundamentales de las personas a su servicio. Se alude de esta manera a un principio básico, de respeto a los derechos humanos en el ámbito laboral, que a su juicio se deduce directamente de la CE, cuando regula el derecho fundamental a la dignidad de la persona (art. 10), a la integridad física y moral, sin que en ningún caso se puedan someter a las personas a tratos inhumanos o degradantes (art. 15); la prohibición de discriminación por razón de sexo (art. 14 CE)[209].

Sin embargo, otro sector doctrinal entiende que, si bien estas afirmaciones son incuestionables, la dicotomía que se plantea es si la ilegalización del sindicato es la interpretación más razonable desde la propia perspectiva de género que es ignorada por la Audiencia Nacional[210], ya que la decisión de ilegalización del sindicato va en contra de un colectivo mayoritariamente de mujeres, invisibilizado y necesitado de herramientas para defender sus derechos[211]. La doctrina discrepante con el criterio de la Audiencia es muy crítica con determinadas afirmaciones vertidas por la Sala, como, por ejemplo, cuando afirma que «*desde el momento en que el precepto estatutario*

---

209 *Vid.* ARAGÓ GASSIOT, M., «Más a propósito de la sentencia sobre el caso OTRAS la Libertad sexual de las mujeres o el derecho al propio cuerpo no debe ser disponible en el marco de un contrato laboral», *Jurisdicción social: Revista de la Comisión de lo Social de Juezas y Jueces para la Democracia*, nº 195, 2018, pp.12-13.

210 *Vid.* PRECIADO DOMENECH, C., «Comentario a la Sentencia de la Sala Social de la audiencia nacional de 19/11/2018 (2018)», *Jurisdicción social. Revista de la Comisión de lo Social de Juezas y Jueces para la Democracia*, nº 194, pp.38-48.

211 *Vid.* FITA, F., «La prostitución: posible objeto de contrato de trabajo», *Revista De Derecho Social*, nº47, 2009.

no excluye tales servicios [el proxenetismo] *de su ámbito funcional la ilegalidad del mismo resulta manifiesta».* Así, entienden que se están declarando nulos unos estatutos porque no excluyen expresamente actividades ilícitas, lo que debería conllevar —según el criterio de estos autores— a ilegalizar otros sindicatos en otros sectores de actividad. Ya que si se siguiera esta *'exótica motivación',* los sindicatos mineros deberían ser ilícitos por no prohibir expresamente el trabajo infantil, o el sindicato de la construcción deberían incluir en sus estatutos —bajo sanción de nulidad— la prohibición del trabajo con amianto[212].

La cuestión finalmente llegó al Tribunal Supremo que optó en su resolución por una opción mucho más prosaica. En efecto, la STS 584/2021, de 1 de junio, considera a estos efectos, que no es objeto del procedimiento de impugnación de estatutos de un sindicato determinar la naturaleza jurídica de la relación existente entre las trabajadoras sexuales y sus empleadores, ni la calificación del trabajo en sí mismo desde el punto de vista moral y de la dignidad humana, ni tampoco de género. Tanto en la SAN recurrida, como los escritos procesales que las partes presentaron, argumenta el Tribunal Supremo, desplazaron el objeto del debate —que debía ser la eventual legalización del sindicato— hacia otro —la legalidad o no del ejercicio de la prostitución por cuenta ajena—, que siendo de máxima relevancia, resulta ajeno a lo que se discute en el procedimiento. De esta manera, el Tribunal Supremo entiende que el objeto de la modalidad procesal de impugnación de los Estatutos de un Sindicato no puede ampliarse o desenfocarse y trasladarse hacia la determinación del tipo de vínculo que exista en determinados supuestos entre quienes desarrollan una actividad y quienes la remuneran.

Por ello, el Supremo reconduce la discusión a términos estrictamente de ejercicio de la libertad sindical, descartando entrar en un debate sobre los límites del ámbito funcional del sindicato. Entiende que dentro del artículo 4 de los Estatutos del Sindicato OTRAS se engloban diversas actividades de carácter sexual y que muchas de ellas son acordes a la ley. Por lo que considera necesario hacer una interpretación favorable al ejercicio de los derechos fundamentales —en este caso a la Libertad Sindical— y al principio de *'indubio favor libertatis'.* No obstante, precisa que dentro de aquel no tiene cabida la prostitución contraria a Derecho, hecho aceptado por las promotoras del sindicato, que reconocen que no existe relación laboral válida en casos de proxenetismo, por lo que no puede ampararse en un contrato de trabajo, y no existiría pues derecho a la afiliación sindical.

---

212 *Vid.* PRECIADO DOMENECH, C., «Comentario a la Sentencia de la Sala Social de la audiencia nacional de 19/11/2018 (2018)», *Jurisdicción social. Revista de la Comisión de lo Social de Juezas y Jueces para la Democracia,* nº 194, pp.44-45.

Por tanto, la sentencia objeto de comentario separa los dos planos que aparecerían involucrados en la exposición y resolución del contencioso: 1. El del depósito y registro de los estatutos del sindicato y 2. El de la licitud de la prestación personal de los servicios de referencia. Es verdad que resulta complejo diferenciar la razón de ser y la vida de un sindicato de su sustrato real, esto es, de las relaciones de trabajo que subyacen en su construcción o puesta en funcionamiento. De hecho, el marco legal impediría, a juicio de algún autor, hablar de sindicato si sus promotores o sus afiliados no fuesen trabajadores por cuenta ajena en el sentido del artículo 1 LOLS. Pero ello no debiera condicionar o predeterminar necesariamente las condiciones de la prestación de servicios subyacentes la noción de trabajo sexual sobre la que giraba el ámbito funcional del sindicato en cuestión[213].

Tras la lectura y análisis de las dos controvertidas sentencias sigue subsistiendo una cuestión a la que no se da respuesta: ¿cuáles son —o mejor dicho cuáles deberían ser— los límites del ejercicio de la libertad sindical en los trabajos sexuales? Es probable que para responder a esta pregunta con un mínimo de rigor debiéramos empezar por buscar si existen, y en caso afirmativo cuáles son aquellos, postulados comunes entre las posturas abolicionistas y la regulacionista, y qué proyección pueden tener en el ámbito de los derechos colectivos.

Parece que existe un determinado consenso sobre dónde surge la prohibición de la prostitución tanto entre las abolicionistas más puras[214], como entre las pro-derechos[215]. Ambas corrientes entienden que detrás del estado de la cuestión actual se encuentra el estigma social sobre las 'putas' y que los planteamientos analíticos del problema se han hecho históricamente desde una perspectiva exclusivamente hegemónica masculina.

Si esta premisa de partida se acepta al analizar el problema de la legalización del sindicato —como herramienta colectiva— la cuestión no debería girar entonces sobre si en su ámbito funcional subyace o no trabajo sexual por cuenta ajena, y si eso constituye una relación laboral o no, si no en si la libertad sindical debe dar cobertura a las trabajadoras del sexo, aun asumiendo la ilicitud del trabajo y si ello contribuye a *"empoderar"* reivindicaciones de colectivos invisibilizados.

---

213 *Vid.* GARCÍA MURCIA, J. «Libertad sindical y trabajo sexual», *Revista de Jurisprudencia Laboral*, nº 6, 2021.

214 *Vid.* GALINDO, M. y SÁNCHEZ, S., *Ninguna mujer nace para puta*, La Vaca Editora, Buenos Aires, 2007, pp.26-30

215 *Vid.* SANCHÉZ PERERA, P., *Crítica de la Razón Puta. Cartografías del estigma de la prostitución*, La oveja roja, Madrid, 2022, pp.275-282, 309-314 y 344-348.

El debate sindical no debería abordarse, por tanto, desde las posturas antagónicas del abolicionismo o pro-derechos si no desde la perspectiva de qué es y qué queremos que sea el sindicalismo. Abordar el tema desde esta perspectiva tampoco es sencillo, ya que el reconocimiento de un derecho individual —en el que aparentemente podrían converger diversos sectores— como es el derecho de afiliación de las trabajadoras, quebraría, sin embargo, en su proyección colectiva, porque sería reconocer licitud a la patronal del sexo, como ya ocurrió en el 'caso Mesalina', cuya legalización sí que resulta penalmente cuestionable.

Por tanto, lo más razonable para abordar este complejo nudo es haciendo un radical cambio de perspectiva: la posibilidad de extender los derechos colectivos a trabajadoras de actividades ilícitas. En realidad, esta cuestión ya se planteó en jurisprudencia. El Tribunal Constitucional reconoció a los extranjeros en situación irregular el derecho de afiliación y huelga pese a que no sean formalmente trabajadores. Nuestro Alto Tribunal entendió entonces que no se puede condicionar el contenido esencial o recognoscible de la libertad sindical a otras cuestiones administrativas, incluso penales. Nuestro Alto Tribunal considera que el contenido esencial de la libertad sindical se extiende a todas las personas trabajadoras, y a todos los sindicatos, sin distinción alguna (STC 236/2007 de 7 noviembre y STC 259/2007, de 19 diciembre).

De esta manera, el sindicato deja de ser una organización de personas que trabajan, en sentido formal, para convertirse en una organización de defensa de la *clase trabajadora*' en el sentido material del término, de personas que realmente trabajan, aunque ese trabajo incumpla alguna regla legal. Se trata de derribar barreras prestablecidas que tiene que ver con la hegemonía del patriarcado y con la hegemonía de lo masculino en el ideal sindical.

El artículo 28.1 de la CE reconoce el derecho a la libertad sindical como un derecho fundamental de «*todos a sindicarse libremente*». La facultad de actuar en tutela y en defensa de los intereses colectivos de los trabajadores se atribuye a los propios sujetos protagonistas del conflicto, como expresión de su posición de libertad y eligiendo, en ejercicio de su propia autonomía, los medios más congruentes con dicho fin. A mayor abundamiento, esta idea también se desprende la normativa internacional. La libertad de creación y configuración de organizaciones sindicales que se deriva del convenio nº87 de la OIT es tan amplia que cualquier iniciativa de promoción o constitución de un sindicato debe ser recibida con ánimo de aceptación. Dicho de otro de modo: si cabe alguna posibilidad de que el sindicato pueda existir y funcionar debe hacerse todo lo posible para que así sea[216].

---

216 *Vid.* GARCÍA MURCIA, J. «Libertad sindical y trabajo sexual», *Revista de Jurisprudencia Laboral*, nº 6, 2021.

El artículo 7 de la Constitución efectúa el reconocimiento expreso a los sindicatos de trabajadores y asociaciones empresariales como organizaciones que «*contribuyen a la defensa y promoción de los intereses económicos y sociales que le son propios*» y al imperativo constitucional de que se «*su creación y el ejercicio de su actividad sobre libres dentro del respeto a la Constitución y a la ley*», con la precisión de que «*su estructura interna y su funcionamiento debería ser democrático*». Si el derecho de libertad sindical es complejo y su contenido esencial se vincula con lo previsto en el artículo 7 de la CE también debe ser uno de los elementos esenciales la promoción de la igualdad, y este debe ser un fin lícito.

Por ello, no se trata tanto de discutir sobre la legalización o no de la actividad sino perfilar la acción sindical y las facultades que puede articular el sindicato de las trabajadoras del sexo. La libertad sindical se configura como derecho de carácter instrumental que se reconoce a los trabajadores para ejercerlo frente a los empleadores en defensa de sus intereses, partiendo de una conceptualización dual de las relaciones de trabajo con intereses contrapuestos.

En este contexto, se debe tener en cuenta, además, la Resolución del Parlamento Europeo de 26 de febrero de 2014, sobre explotación sexual y prostitución y su impacto en la igualdad de género. Esta resolución entiende que la actual situación de "alegalidad", y el no reconocimiento del carácter laboral de la relación, no hacen más que agravar la lesión de la dignidad, la libertad y la igualdad que comporta toda relación de prostitución por cuenta ajena. Parte la citada Resolución de que la prostitución, y la prostitución forzada, están intrínsecamente ligadas a la desigualdad de género en la sociedad y tienen un efecto en la posición social de las mujeres y los hombres en la sociedad, así como en la percepción de las relaciones entre mujeres y hombres y en la sexualidad. Vale la pena reproducir sus considerandos que entienden que los «*(...) problemas económicos y la pobreza son las principales causas de la prostitución entre las mujeres jóvenes y las mujeres menores de edad, y que las estrategias de prevención específicas en materia de género, las campañas nacionales y europeas específicamente dirigidas a las comunidades socialmente excluidas y a las que se encuentran en situación de creciente vulnerabilidad (como las personas con discapacidad y los jóvenes que se encuentran en el sistema de protección infantil) y las medidas para reducir la pobreza y aumentar la concienciación entre los compradores y los proveedores de servicios sexuales, así como compartir buenas prácticas, son fundamentales para combatir la explotación sexual de las mujeres y las mujeres menores de edad, especialmente entre los migrantes*»

La interpretación con perspectiva de género reclama una mayor sensibilidad hacia un colectivo invisibilizado, cuya sindicación, partiendo del ejercicio por cuenta propia del trabajo sexual en todas sus manifestaciones, contribuiría a la visibilización, a la lucha institucionalizada por derechos relativos a su salud, protección social e igualdad de género; y a evitar y denunciar situaciones de explotación o trata, desde los mecanismos de acción que brinda el ejercicio del derecho fundamental a la libertad sindical.

Consideraciones finales:
el sindicato como motor de cambio

Como se ha visto, los sindicatos han nacido y se han desarrollado vinculados a una idea parcial y sesgada del concepto de trabajo, que era el que se identificaba en los albores del liberalismo con el trabajo en la fábrica y, posteriormente, con una concepción fordista y post fordista del término trabajo, que a la postre suponía la modernización del trabajo industrial. Esta construcción y evolución ha supuesto que el mercado de trabajo tomara siempre como referencia al 'blue collar', y que con el andar del tiempo se haya tratado de corregir ciertas desigualdades entre los grupos que se han ido incorporando a aquel, pero siempre ha dejado indiscutido la sobrevaloración del trabajo productivo masculino, elevándolo a la categoría universal. Y esta es la clave que explica por qué muchas de las intervenciones políticas siguen partiendo de una premisa falsa, al considerar que las instituciones sociales son neutrales en términos de género. Esto conlleva que se construya un concepto de igualdad que deja incuestionada la sobrevaloración de lo masculino, al fomentar la equiparación del comportamiento de las mujeres al de los hombres.

Los avances conseguidos hacen que las desigualdades a las que nos enfrentemos sean menos evidentes, pero su raíz ahonda con más profundidad en la estructura social, lo que exige un análisis más prolijo y, sosegado para identificar aquellas, categorizarlas y abordarlas para su eliminación.

Este sesgo se ha trasladado inevitablemente a la configuración del principio de igualdad en su dimensión jurídico-laboral. Y los sindicatos como agentes equilibradores de esta realidad han aceptado como válidas las premisas de partida que han dejado incuestionadas: las actividades domésticas y de cuidados en los hogares normalmente se valoran por su componente *afectivo*[217] y se entienden como parte de la naturaleza femenina, y, por ello, se las tiende a ignorar desde el punto de vista económico.

---

217 *Vid.* PICCHIO, Antonela, «Un enfoque macroeconomico 'ampliado' de las condiciones de vida», en VV.AA. CARRASCO, Cristina, *Tiempos, trabajo y género*, Ed. UB, Barcelona, 2001.

Sin embargo, la creciente demanda en sectores altamente feminizados —como son los cuidados— que tradicionalmente se asociaban con el trabajo reproductivo excluido de valor económico y productivo y, por ello, del mercado de trabajo, ha contribuido a tensionar la categoría universal de 'trabajador', a la vez que ha revelado la tacita masculinización del concepto de clase social, sobre el que se articuló el movimiento sindical, evidenciando los procesos históricos de subalternización hacia el interior de la fuerza de trabajo[218].

Parte de la función social asignada al sindicato debe ser la reconfiguración del principio de igualdad. Para que haya coherencia en el mensaje y la acción debe de haber coherencia en la estructura interna. La acción del sindicato debe cambiar hacia una perspectiva más integradora y transversal del principio de igualdad y para ello tiene que empezar por cambiar internamente. Los principios que defiendas deben ser los principios sobre los que te construyas.

Los sindicatos actuales no solo son sindicatos de negociación, también de concertación por lo que deben aprovechar esa especial posición para liderar ese cambio estructural y profundo que es necesario en nuestras sociedades, siendo el motor de cambio legislativo y social en todas sus vertientes.

---

218 *Vid.* ARRIAGA, E. y MEDINA, L., «Desafíos de las organizaciones sindicales frente a la desigualdad de género. Hacia la construcción de una agenda de investigación», *Pasado abierto, Revista de CEHIS*, nº7, Mar de Plata, Junio 2018, disponible en https://fh.mdp.edu.ar/revistas/index.php/pasadoabierto/article/view/2377/5062.

BIBLIOGRAFÍA

ACKER, J.,
— «Hierarchies, jobs, bodies: A theory of gendered organizations», *Gender y Society*, 1990, pp.139-158.
— «Gender and Organizations», *Handbook of the Sociology of Gender*, Springer, Houston, 2006.

AGUADO HIGÓN, A. Y SANFELIU, L. «Trabajadoras republicanas. Mujeres y Trabajo durante la segunda república y la guerra civil en Valencia», Baetica. Estudios Historia Moderna y Contemporánea, nº 41, 2021.

AGUT GARCÍA, C., La sección sindical, Bomarzo, 2004.

ALONSO BENITO, L.E., «El trabajo y su futuro en España a la luz del Estatuto de los Trabajadores», en VV.AA., RUESGA BENITO, S.M. (Coord.), *Transformaciones laborales en España a XXV años de la promulgación del Estatuto de los Trabajadores*, Ministerio de Trabajo y Asuntos Sociales, Madrid, 2005.

ALONSO OLEA, M., *Introducción al Derecho del Trabajo*, Civitas, 6 edición, 2002.

ALVAREZ DEL CUVILLO, A., «El centro de trabajo como unidad electoral: un concepto jurídico indeterminado en un contexto de cambio organizativo», Revista Española de Derecho del Trabajo, nº 188, 2016.

ANKER, R., «La segregación profesional entre hombres y mujeres: Repaso de las teorías», Revista Internacional del Trabajo, 1997.

ANGELCOS, N., «Disposiciones y resistencias a la participación sindical en mujeres de la Gran Minería del Cobre en Chile», *Documento de Trabajo Nº21, Instituto de Investigación en Ciencias Sociales de la Universidad Diego Portales*, 2015.

ASPIAZU, E.L., «Desigualdades de género en los discursos de la dirigencia sindical argentina. Estudio de caso en el sector salud», Perfiles Latinoamericanos, nª. 53, 2019, pp.01-24, https://www.redalyc.org/articulo.oa?id=11562807008.

ARAGÓ GASSIOT, M., «Más a propósito de la sentencia sobre el caso OTRAS la Libertad sexual de las mujeres o el derecho al propio cuerpo no debe ser disponible en el marco de un contrato laboral», *Jurisdicción social: Revista de la Comisión de lo Social de Juezas y Jueces para la Democracia*, nº 195, 2018, pp. 9-22.

ARRIAGA, A.E. y MEDINA, L.
— «Desafíos de las organizaciones sindicales frente a la desigualdad de género. Hacia la construcción de una agenda de investigación», *Pasado abierto, Revista*

de CEHIS, nº7, Mar de Plata, junio 2018, disponible en https://fh.mdp.edu.ar/revistas/index.php/pasadoabierto/article/view/2377/5062.

— «Activismo de género en las organizaciones sindicales. Reivindicaciones y estrategias emergentes en los encuentros nacionales de mujeres», *Revista Trabajo y Sociedad*, nº34, 2020, pp. 155-178.

ARRIAGA, P. «Informe: Las elecciones sindicales y las trabajadoras. Decisivas y decididas», *Revista Trabajadora. CCOO*, nº22, 2006, pp.19-21.

ARRUZZA, C., y BHATTACHARYA, T., «Teoría de la Reproducción Social. Elementos fundamentales para un feminismo marxista», Archivos, 2020, pp. 37-69.

BARBA BORDERIAS, V., «La mujer en el mercado de trabajo y la discriminación indirecta: Análisis de los sectores feminizados y masculinizados», *TFM en relaciones de género. Universidad de Zaragoza*, https://zaguan.unizar.es/record/31351/files/TAZ-TFM-2014-042.pdf

BAUMAN, Z., *Modernidad líquida*, Editorial Fondo de Cultura Económica, México DF, 2003.

BAYLOS GRAU, A.,

— *Sindicalismo y Derecho Sindical*, Editorial Bomarzo, Albacete, 2019.

— *¿Para qué sirve un sindicato?*, Catarata, Fundación 1 de Mayo, Madrid, 2021.

BERMÚDEZ ESCOBAR, I.C., «El Ángel del Hogar: una aplicación de la semántica liberal a las mujeres en el S.XIX andino», *Historia y espacio*, vol. 4, nº 30, 2008.

BERMÚDEZ FIGUERO, A.E.; ROCA MARTÍNEZ, B., «Participación de mujeres en el movimiento sindical. Análisis desde la perspectiva de los recursos de poder», Sociología del Trabajo, núm. 95, 2019, pp. 53-72.

BERMÚDEZ FIGUERO, A.E., «Mujeres y Sindicalismo. La participación de las mujeres en el movimiento sindical en el marco de Jerez», *Tesis doctoral en acceso abierto*, 2019.

BÉROUD, S. «Precarizaciones salariales y resistencias sociales: ¿Hacia una renovación de la mirada sociológica desde el caso francés?», *Cuadernos de Relaciones Laborales*, Vol. 31, Núm. 2, 2013.

BLASCHKE, S., «Determinants of female representation in the decision-making structures of trade unions», Economic and Industrial Democracy, vol. 32, núm. 3, 2011.

BRITTON, D. M., «The epistemology of the gendered organization», Gender y Society, 2000.

BOSCH, Anna, CARRASCO, Cristina, GRAU, Elena «La Ley de dependencia y el mito del *Homo economicus*», *Revista económica crítica*, nº 5, 2006.

CABEZA PEREIRO, J. y FERNÉNDEZ PROL, F., «Democracia paritaria y relaciones laborales propuestas para una composición equilibrada de los órganos de representación de las personas trabajadoras», *Revista del Ministerio de Trabajo y Economía Social*, nº 155, 2023, pp. 123-148.

CANTERO ROSALES, M.A., «De "Perfecta casada" a "ángel de hogar" o la construcción del arquetipo femenino en el S.XIX», *Tonos digital*, núm. 14, 2007.

CASTELLANO DÍAZ, J., «¿Hacia un sindicalismo feminista? Un análisis de la lucha de Las Kellys», *Papeles de Europa*, nº 35, 2022.

CIALTI, P.H., «La necesaria superación del centro de trabajo como unidad electoral», *Temas laborales*, núm. 157, 2021.

CIELO, C., «Reproducción, mujeres y comunes. Leer a Silvia Federici desde el Ecuador actual», *Nueva Sociedad*, nº 256, marzo - abril 2015, disponible en https://nuso.org/articulo/reproduccion-mujeres-y-comunes-leer-a-silvia-federici-desde-el-ecuador-actual/

CLIMENT TERRER, F., *El ama de casa*, Cultura femenina, Parera, Barcelona, 1916.

CRISTOBAL, N. «Trabajo, legislación y género en la España contemporánea: los orígenes de la legislación laboral", GÁLVEZ MUÑOZ, L. y SARASÚA GARCÍA, C., (Ed.), *¿Privilegios o eficiencia?: Mujeres y hombres en los mercados de trabajo*, Alicante, 2003.

COLLINET, M., El espíritu del sindicalismo, Ediciones Populares Argentinas, Buenos Aires, 1955.

CORTINA, R., «Trabajo, familia y participación sindical de las maestras mexicanas», Revista de la Educación Superior ANUIES, 1987.

COSTA REYES, A. «Tribunal Constitucional y elecciones a representantes de los trabajadores», *Temas Laborales*, nº 62, pp. 101-126.

DE BARBIERI, T., Mujeres y vida cotidiana, Fondo de Cultura Económica, México, 1984.

DE DIOS FERNÁNDEZ, E., «Mujeres y hombres en la Transición: las mujeres trabajadoras y la crisis de la masculinidad», Spagna contemporánea, nº 55, 2019, pp. 103-122.

DURÁN, M.A., «Concentración y reparto del trabajo no remunerado en los hogares», *Cuadernos de relaciones laborales*, nº 17, 2000.

ESCRIBANO GUTIÉRREZ, J., *La mujer trabajadora en el derecho histórico del trabajo en España*, Comares, Granada, 2019.

ESCUDERO RODRÍGUEZ, R., «La negociación colectiva como pilar del Estado de bienestar y los cambios en el mundo del trabajo», Gaceta Sindical. Monográfico sobre el sindicalismo del futuro, Confederación Sindical de Comisiones Obreras, nº185, abril, 2000, pp. 94-107.

ESTERMANN, V., «¿Contar sindicalistas o las sindicalistas cuentan? Discusiones sobre representación e igualdad de género en los sindicatos [Revisión del libro Syndiquées: defendre les intérêts des femmes au travail de Guillaume Cécile]», *Sociohistórica*, núm. 43, 2018, https://doi.org/10.24215/18521606e079.

FEDERICI, S.,

— *Caliban y la Bruja. Mujeres, cuerpos y acumulación originaria*, Traficantes de Sueños, Madrid, 2010.

— *El patriarcado del salario. Criticas feministas al marxismo*, Traficantes de sueños, Madrid, 2018.

FERNÁNDEZ PROL, F. «Reflexiones en torno a la ley orgánica 2/2024, de 1 de agosto, de representación paritaria y presencia equilibrada de mujeres y hombres: ¿una oportunidad perdida para la democracia paritaria en el ámbito laboral», Net21, nº19, 2024, pp. 1-7.

FERNÁNDEZ VILLAZÓN, L., «Las relaciones colectivas de trabajo y su regulación: retos y propuestas», en VV.AA., *Acción sindical y relaciones colectivas en los nuevos escenarios laborales*, ARGÜELLES BLANCO, A.R. y FERNÁNDEZ VILLAZÓN, L. (Dir.), Aranzadi, Navarra, 2022.

FILIGRANA GARCÍA, P.; LALANA ALONSO, B.; MARTÍNEZ MORENO, C.; RAMOS ANTUÑANO, T., *Informe jurídico la situación de las jornaleras en los campos de fresa de Huelva*, Brigada de información feminista, mayo 2021, pp.50, disponible en https://jornalerasenlucha.org/wpcontent/uploads/2021/02/Inform eJuridicoBrigadaDeObservacion-JornalerasDeHuelvaEnLucha.pdf

FITA, F., «La prostitución: posible objeto de contrato de trabajo», Revista De Derecho Social, nº47, 2009.

FORREST, A., «A View from Outside the Whale: The Treatment of Women and Unions in Industrial Relations», *Women Challenging Unions: Feminism, Democracy and Militancy*, University of Toronto Press, 1993.

FRANCO REBOLLAR, P.; RUIZ, B., «El trabajo de ayuda a domicilio en España», UGT, Madrid, 2018, https://www.ugt.es/sites/default/files/el_trabajo_de_ayuda_a_do-micilio_ugt_fesp_sep_2018_def_0.pdf

FULLADOSA, K., Sindicalismo ¿continuidad o ruptura? Reflexiones compartidas en torno a la acción colectiva con las trabajadoras del hogar y el cuidado, Revista de Psicología, Conocimiento y Sociedad, Vol. 5, nº 2, 2015 (Ejemplar dedicado a: Trazos para una Psicología Comunitaria del siglo XXI), pp. 62-95.

GALIANA MORENO, J. y GARCÍA ROMERO, B., «La participación y representación de los trabajadores en la empresa en el modelo normativo español», *Revista del Ministerio de Trabajo y Asuntos Sociales*, nº 43, 2003.

GALINDO, M. y SÁNCHEZ, S., *Ninguna mujer nace para puta*, La Vaca Editora, Buenos Aires, 2007.

GALLEGO MONTALBAN, J., «El concepto de centro de trabajo y adscripción de las personas trabajadoras como presupuestos de los derechos de representación en el trabajo a distancia y las empresas digitalizadas», *Iuslabor*, 1/2022.

GARCÍA MURCIA, J.

— «El hecho sindical. La mayor representatividad. Asociacionismo profesional y empresarial. Balance y propuestas de reforma», *RTSS.CEF*, núm. 429 (diciembre 2018), pp. 57-75.

— «Estructura de la representación de los trabajadores en la empresa», *Revista de Trabajo y Seguridad Social. CEF*, 444 (marzo 2020), pp. 191-228.

— «Libertad sindical y trabajo sexual», *Revista de Jurisprudencia Laboral*, nº 6, 2021.

GARCÍA TORRES, A.,

— *La perspectiva de género como factor de evolución de las fronteras y estructuras del Derecho del Trabajo*, Bomarzo, Albacete, 2024.

— «El papel del sindicato a debate: una relectura de los derechos de Acción Sindical a raíz del «Caso de las 6 de Suiza», *Net21*, nº20, 2024, pp.1-6.

GIL OTERO, Lidia, «Doble canal de representación de los Trabajadores ante la economía de plataformas», *Revista Española de Derecho del Trabajo*, nº226, 2020.

GODINHO DELGADO, D, Sindicalismo latinoamericano y política de género, Friedrich-Ebert-Stiftung, Uruguay, 2009.

GOREN, N., y PRIETO, V. L., *Feminismos y sindicatos en Iberoamérica*, Clacso, Buenos Aires.

GUAMÁN HERNÁNDEZ, A., «El camino hacia el Derecho del Trabajo feminista y la imprescindible implicación sindical», en VV.AA., GUAMÁN HERNÁNDEZ, A. y GORÁN, N., *Feminismo, trabajo y acción sindical. Diálogos entre Europa y América Latina*, Clacso, Buenos Aires, 2024, pp. 27-61.

GUILLAUME, C., *Syndiquées: defendre les intérêts des femmes au travail*, Les Presses de Sciences Po, 2018.

HYMAN, R., *Relaciones industriales. Una introducción marxista*, Blume Ediciones, Madrid, 1981.

JACOBS, A., Labour Law in The Netherlands, Wolters Kluwer, The Netherlands, 2015.

KANTER, R.M., *Men and Women of the Corporation*, Basic Books, New York, 1977.

KARRAS, R.M., «The Regulations of Brothels in Later Medieval England», *Journal of Women in Culture and Society*, vol. 14, núm. 21, 1989, pp. 399-433.

KÖHLER, H.D., y MARTÍN ARTILES, A., «Actores sociales: organizaciones sindicales y asociaciones empresariales», en VV.AA., KÖHLER, H.D. y MARTÍN ARTILES, A. (Coord.), *Manual de sociología del trabajo y relaciones laborales*, Delta Publicaciones, Barcelona, 2005.

LAHERA FORTEZA, J., «Representación y representatividad sindical: puntos críticos y propuesta de reforma», *Papeles de Economía Española: Los problemas del mercado de trabajo y las reformas pendientes*, n.º 156, 2018.

LANDA ZAPIRAIN, J.P., «Agotamiento del modelo español de doble canal de representación para una eficiente gestión del cambio en la empresa: la co-determinación como posible solución», *Documentación Laboral*, núm. 109, 2017.

LE CAPITAINE, C.; MURRAY, G.; LÉVESQUE, C., «Empowerment and union workplace delegates: a gendered análisis», Industrial Relations Journal, vol. 44, núm. 4, 2013, pp. 389–408.

LEFRANC., G. *El sindicalismo en el mundo*, Editorial ZYX, Florencia, 1973.

LIPSET, S. M., «El proceso político en los sindicatos obreros», en VV.AA. LIPSET, S.M., *El hombre político. Las bases sociales de la política*, Red Editorial Iberoamericana, México DF, texto revisado1993 [original 1959], pp.315-356.

LÓPEZ HERNÁNDEZ, M. T., «Participación y representación sindical femenina en Comisiones Obreras (1970-1982)», *Cuestiones de Género: De La Igualdad y La Diferencia*, nº 121, 2009.

LOUSADA AROCHENA, J.F., «El marco normativo de la negociación colectiva de medidas de igualdad de mujeres y hombres», en VV.AA., *El principio de igualdad en la negociación colectiva*, LOUSADA AROCHENA, J.F. (Coord.), Ministerio de Trabajo e Inmigración, Madrid, 2008, pp. 25-68.

LOWN, J. *Women and Industrialization. Gender at Work un 19th Century England*, Minneapolis, University of Minnesota Press, 1990.

MARTÍN VALVERDE, A. y GARCÍA MURCIA, J., *Derecho del Trabajo*, Tecnos, Madrid, 2022.

MARTÍNEZ ALARCÓN, M.L., «Comentario a la sentencia del Tribunal Constitucional 12/2008, de 29 de enero, sobre la Ley Orgánica para la igualdad efectiva de mujeres y hombre», *UNED. Teoría y Realidad Constitucional*, núm. 22, 2008, pp. 605-624.

MARTÍNEZ MORENO, C. *Brecha salarial de género y discriminación retributiva: causas y vías para combatirla*, Editorial Bomarzo, Albacete, 2019.

MARTÍNEZ PEÑAS, L. «Los inicios de la legislación laboral española: la Ley Benot», *Revista Aequitas*, Vol.1, pp. 25-70.

MARX, K., *El Capital*, Vol. I, en MARX, C. y ENGELS, F., *Obras Escogidas*, Tomo II, Editorial Progreso, Moscú, 1974.

MERCADO, M.A., «Género y organización: Poder para realizar cambios», *Material de Capacitación nº 3, Taller de Sensibilización para el Fortalecimiento de la Dimensión de Género en la Agenda Sindical*, Trabajo GPE/OIT, 2003, http/ www.oit.org.pe/gpe/

MIES, M., *Patriarchy and accumulation on a World Scale*, Zed Book, Londres,1986.

MIÑAMBRES PUIG, C., «El centro de trabajo. El reflejo jurídico de las unidades de producción», *Colección Tesis Doctorales*, 1985.

MOLINA PUENTE, I. «La doble cara de discursos doméstico en la España Liberal: el Ángel del Hogar de Pilar Sinues», *Pasado y memoria. Revista de Historia contemporánea*, núm. 8, pp. 181-197.

MONTERO COROMINAS, J. «El feminismo de las jornaleras de Huelva», El viejo Topo, junio 2021, disponible en https://www.elviejotopo.com/topoexpress/el-feminismo-de-las-jornaleras-de-huelva/

MORAL MARTÍN, D., «Sindicalismo en el S.XXI cómo refutar su anticipado declive», *Revista Barataria*, 2019, pp. 302-314. disponible en https://acmspublicaciones.

revistabarataria.es/wp-content/uploads/2023/05/27-Moral-Sindicalismo-siglo-XXI-2019-2023-pp302-314.pdf

MUÑOZ RUIZ, M., ANTÓN FERNÁNDEZ, E., GARCÍA BUJARRABAL, D., *El feminismo de las centrales sindicales en España*, Instituto de las Mujeres, Madrid, 2023.

NASH, M., Mujer, familia y trabajo en España, 1875-1936, Barcelona, Anthropos, 1983.

NEFFA, J.C., «Revisitando enfoques teóricos institucionalistas sobre el mercado de trabajo», en VV.AA., NEFFA, J.C. (Dir.), *Teorías económicas sobre el mercado de trabajo*, Vol. 3, 2008, pp.79-138.

OJEDA AVILÉS, A. «La representación unitaria: el "faux ami"», *Revista del Ministerio de Trabajo y Asuntos Sociales: Revista del Ministerio de Trabajo e Inmigración*, nº 58, 2005 (Ejemplar dedicado a: XXV años del Estatuto de los Trabajadores), pp.343-364.

ORSATTI, A. «Modelos de participación femenina en las estructuras sindicales nacionales», *Revista Pistas. Instituto Mundo del Trabajo (IMT)*, diciembre 2003, disponible: https://www.relatsargentina.com/documentos/RA.1-Genero/RELATS.A.MujeryT.AO2004.pdf

OSBORNE, R., «Desigualdad y relaciones de género en las organizaciones: diferencias numéricas, acción positiva y paridad», *Política y Sociedad*, vol.42., 2005, pp.163-180.

OSTA VÁZQUEZ, M.L., «La igualdad negligenciada de la Revolución Francesa», *Revista de la Facultad de Derecho*, nº50, Montevideo, 2021.

PASTOR YUSTE, R. «La dimensión sustantiva de la representación política de la mujer: delimitación conceptual y factores explicativos (I)», Revista de las Cortes Generales, nº 81, 2010, pp. 41-72.

PATEMAN, C., *El contrato sexual,* Anthropos Editorial, México, 1995.

PAUTASSI, L.C. «La igualdad en espera: el enfoque de género», *Lecciones y ensayos*, nº 89, pp. 279-298.

PÉREZ DEL RÍO, T. «Derechos sociales, laborales y sindicales y políticas de género», *Gaceta Sindical. Reflexiones y Debate. 25 años de sindicalismo. Sindicato y Sociedad*, Confederación Sindical de Comisiones Obreras, octubre, 2001, pp.83-97.

PICCHIO, A. «El trabajo de reproducción, tema central del análisis del mercado de trabajo», en VV.AA., BORDERÍAS, C., CARRASCO, C. y ALEMANY, C., Las mujeres y el trabajo, Rupturas conceptuales, 1994, pp. 451-490.

PITKIN, H.F., *The concept of representation*, University of California Press, Berkely, 1967.

PRECIADO DOMENECH, C., «Comentario a la Sentencia de la Sala Social de la audiencia nacional de 19/11/2018 (2018)», Jurisdicción social. Revista de la Comisión de lo Social de Juezas y Jueces para la Democracia, nº 194, pp.38-48.

REED, M., «Organizational Theorizing: a Historically Contested Terrain», en VV.AA., CLEG, S. y HARDY, C. (Edits.), Studying organization. Theory and Method, SAGE Publications, 1999, pp. 25-50.

REY, M.F., «El sindicato como organización. Abordajes desde una perspectiva de género», *Trabajo y sociedad*, vol. 25, núm. 42, 2024, pp. 45-66.

REY MARTÍNEZ, F., «La discriminación múltiple, una realidad antigua, un concepto nuevo», *Revista Española de Derecho Constitucional*», nº 84, 2008, pp. 266-267.

RIGAT- PFLAUM, M., «Los sindicatos tienen género», *Fundación Friedrich Ebert*, Buenos Aires.

RODRÍGUEZ, G., «Sindicalismo y género», *Revista EXPE*, número VII, 2023, pp. 54-57.

RODRÍGUEZ GALLARDO, A. y MARTINS RODRÍGUEZ, Mª V., «Formas de empoderamiento femenino y la actividad sindical en la Galicia democrática», en VV.AA., *I Coloquio internacional 'Haciendo Historia. Género y Transición Política'*. Transiciones en Marcha, Universidad de Albacete, pp. 53-65.

RODRÍGUEZ, T. J. y CUÉLLAR CAMARENA, M.A., «Exclusiones sindicales femeninas: La profundización de las desigualdades de género en el mundo laboral y los espacios de poder gremial», *Derecho y Ciencias Sociales*, núm. 20, 2019, pp. 33-47.

ROMERO RODENAS, M. J., «El centro de trabajo como circunscripción electoral. Centro de trabajo y lugar de trabajo», en VV.AA. ROMERO RODENAS, M. J. (Coordª.), Aspectos conflictivos de las elecciones sindicales, Bomarzo, Albacete, 2006.

RUÍZ FRANCO, M.R., «Transformaciones, pervivencias y estados de opinión en la situación jurídica y social de las mujeres en España (1931-1939)», *Historia y Comunicación Social*, nº 5, 2000, pp. 229-254.

SALA FRANCO, T. Y ALBIOL MONTESINOS, I. *Derecho Sindical*, Tirant Lo Blanch, Valencia, 6 edición, 2000.

SANCHÉZ PERERA, P., *Crítica de la Razón Puta. Cartografías del estigma de la prostitución*, La oveja roja, Madrid, 2022.

SÁNCHEZ-URÁN, Y., «Los sujetos colectivos en la empresa: un estudio jurisprudencial», Revista del Ministerio de Trabajo y Asuntos Sociales, nº 43, 2003.

SANGUINETI RAYMOND, W., «El Derecho del Trabajo como categoría histórica», *IUS ET VERITAS*, núm.12, 1996.

SANTOS AZUELA, H. «La formación histórico-jurídica del sindicato», en VV.AA., SANTOS AZUELA, *Estudios Derecho Sindical y de trabajo*, UNAM, México, 1987, pp.17-32.

SCOTT, J.W., «Gender: A Useful Category of Historical Analysis», *The American Historical Review*, vol. 91, no. 5, 1986.

SECCOMBRE, W., *Weathering the storm. Workin-class families from the industrial revolution to the fertility decline*, Londres/Nueva York, Verso Press, 1995.

SINUES DE MARCO, P., *El Ángel del Hogar*, Madrid, 1857.

STUDLAR MCALLISTER, «Does a critical mass exist? A comparative analysis of women's legislative representation since 1950», *European Journal of Political Research*, junio 2002.

SUPIOT, A., *Critique du droit du travail, Presses* Universitaire de France, Paris, 1994.

TOBOSO, P., «El movimiento feminista y la política de pactos de la transición: logros y renuncias», *Debats. Revista de cultura, poder y sociedad*, nº 132, 2017, pp. 39-49.

TORNS, T., «De la imposible conciliación a los permanentes malos arreglos», *Cuadernos de relaciones laborales*, nº 23, pp. 15-33.

TORRES MURO, I., «La SSTC 12/2008, de 29 de enero y 13/2009, de 19 de enero, de cuotas electorales», *Aequalitas*, nº 24, pp. 30-38.

TUÑÓN DE LARA, M., *El movimiento obrero en la historia de España*, Tauros, Madrid, 1972.

UBERO PANIAGUA, A.L., «Teoría crítica del Derecho: reconocimiento y derechos», *Tesis Doctoral,* Universidad de Oviedo, junio 2024.

VALDIVIA, B., «Del Urbanismo androcéntrico a la ciudad cuidadora», *Hábitat y Sociedad* (issn 2173-125X), n.º 11, Universidad de Sevilla, 2018.

VALVIDARES SUÁREZ, M.L., «La (des)igualdad por razón de sexo/género en el espacio público (de un Estado) social», en VV.AA. ALAEZ CORRAL, B. (Dir.), *Conflictos de derechos fundamentales en el espacio público.*

VANDALE, K., «Un futuro sombrío: un estudio de la afiliación sindical en Europa desde el 2000», *Fundación 1 de Mayo,* Madrid, 2019.

VÁZQUEZ ROCCA, A., «Zygmunt Bauman: modernidad líquida y fragilidad humana», *Nómadas. Revista Crítica de Ciencias Sociales y Jurídicas*, 2008.

VIDA SORIA. J., MONEREO PÉREZ, J.L., MOLINA NAVARRETE, C., MORENO VIDA, M.N., *Manual de Derecho Sindical*, Editorial Comares, Granada, 2008.

VIDAL LOPEZ, C., «El feminismo sindical en España», en VV.AA., GUAMÁN HERNÁNDEZ, A. y GORÁN, N., *Feminismo, trabajo y acción sindical. Diálogos entre Europa y América Latina*, Clacso, Buenos Aires, 2024, pp. 107-120.

VOGEL, L. Marxism and the Oppression of Women: Toward a Unitary Theory, Haymarket Books, 2014.

WAAS, B., «Employee Representation at the Enterprise in Germany», *Systems of employee representation at the enterprise: a comparative study*, Wolters Kluwer, 2012.

WITTIG, M., «La mente hetero», discurso leído por la autora en Nueva York durante el Congreso Internacional sobre el lenguaje moderno en 1978, traducción de SARDÁ, A. 2008, Recuperado de: www.lesbianasalavista.com.ar/lamentehetero.html.

WRIGHT, E.O, ROGERS, J., «American society: How it really works», *W. W. Norton & Company*, New York, 2011.

YVORRA LIMORTE, J.A, «La libertad de industria en las Cortes de Cádiz», Las Cortes de Cádiz, la Constitución de 1812 y las independencias nacionales en América, en VV.AA. COLOMER VIADEL, A. (Coord.), 2011, pp. 265-279.